Anke Hilbrenner
Charlotte Jahnz

Am **9.** November

Anke Hilbrenner
Charlotte Jahnz

Am 9. November

Innenansichten
eines Jahrhunderts

1918
1923
1938
1969
1974
1989

Kiepenheuer
& Witsch

Verlag Kiepenheuer & Witsch, FSC® N001512

1. Auflage 2019

© 2019, Verlag Kiepenheuer & Witsch, Köln
Alle Rechte vorbehalten. Kein Teil des Werkes darf in irgendeiner
Form (durch Fotografie, Mikrofilm oder ein anderes Verfahren)
ohne schriftliche Genehmigung des Verlages reproduziert
oder unter Verwendung elektronischer Systeme verarbeitet,
vervielfältigt oder verbreitet werden.
Umschlaggestaltung: Rudolf Linn, Köln
Umschlagmotiv: © Rudolf Linn, Köln
Fotos der Autorinnen: © privat
Gesetzt aus der Adobe Caslon
Satz: Buch-Werkstatt GmbH, Bad Aibling
Druck und Bindung: GGP Media GmbH, Pößneck
ISBN 978-3-462-05144-5

Inhalt

Deutschland
und der 9. November –
Vorwort

Kein Datum im Kalenderjahr hat die deutsche Erinnerung an das 20. Jahrhundert so geprägt wie der 9. November. Bundespräsident Frank-Walter Steinmeier nannte ihn in seiner Rede vor dem Deutschen Bundestag am 9. November 2018 einen Tag, der an das Licht und den Schatten in unserer Geschichte gemahnt: »Dieser Tag ist ein Tag der Widersprüche, ein heller und ein dunkler Tag, ein Tag, der uns das abverlangt, was für immer zum Blick auf die deutsche Vergangenheit gehören wird: die Ambivalenz der Erinnerung.« Mit ihm und an ihm wird Geschichte greifbar. Die Ereignisse, die an diesem Tag stattfanden, haben Deutschland – zum Teil radikal – verändert. Er kann als Kulminationspunkt für unterschiedliche Entwicklungen gelesen werden und ist dabei doch nur ein Datum. Wird ein großes Jubiläum eines 9. November begangen, kommt stets auch den anderen Aufmerksamkeit zu. Es scheint, als seien sie alle miteinander verknüpft, als sei die Zufälligkeit gar keine. Auf die Revolution 1918 folgte 1923 der Hitlerputsch gegen die vermeintlichen »Novemberverbrecher«, folgte 1938 die Reichspogromnacht, folgte 1989 der Mauerfall. Dabei ist diese scheinbare Zwangsläufigkeit etwas, das selbstverständlich erst in der Rückschau entstehen kann. Es gibt auch andere 9. November in der deutschen Geschichte des 20. Jahrhunderts: Weitgehend außerhalb des öffentlichen Interesses steht der gescheiterte Anschlag auf das Jüdische Gemeindehaus in Berlin 1969, der der Gedenkstunde zur Pogromnacht galt, und auch den Tod von Holger Meins im Jahr 1974 werden die wenigsten mit dem 9. November verbinden. Weitere Ereignisse sind mit dem 9. November verknüpft, etwa das Hitlerattentat von Georg Elser am 8. November 1939: Für seinen Anschlag wählte Elser den Tag, an dem die Nationalsozialisten des gescheiterten Putsches am 9. November 1923 gedenken wollten. Elsers Tat steht also selbst in der Tradition der Erinnerung an den 9. November, wird aber in diesem Kontext nicht erinnert, weil sie einen Tag »zu früh« stattfand.

Warum ist es sinnvoll, sich mit dem 9. November zu beschäftigen? Warum dieses Buch? Der 9. November eignet sich dafür, viele unterschiedliche Fragen an die deutsche Geschichte zu stellen und einen Blick auf Akteure und Themen zu werfen, die bislang eher unbeachtet waren. Wie nahmen zwei Frauen aus unterschiedlichen Schichten den 9. November 1918 wahr? Wie erlebte eine Schreibkraft beim *Völkischen Beobachter* den 9. November 1923? Was war die Vorgeschichte der Reichspogromnacht am 9. November 1938 und wie durchlitten die jüdischen Deutschen den Tag, an dem die Deutschen Synagogen verbrannten und Menschen misshandelten? Warum wurde 1969 ein Anschlag auf das jüdische Gemeindezentrum in Berlin verübt – zu einer Zeit, als sich die Bundesrepublik nach dem Eichmann- und dem Auschwitzprozess langsam mit der nationalsozialistischen Vergangenheit zu beschäftigen begann? Löste der Tod von Holger Meins nach wochenlangem Hungerstreik in der JVA Wittlich die endgültige

Eskalation der Gewalt im Krieg der RAF gegen den Staat aus? Und bedeutet der bisher letzte denkwürdige 9. November, der Mauerfall 1989, dass es den Deutschen nach einem Jahrhundert voller Krieg und Gewalt endgültig gelungen ist, eine friedliche Revolution ins Werk zu setzen?

Diesen Fragen will dieses Buch nachgehen. Jeder 9. November steht mit seiner Vor- und seiner Nachgeschichte dabei erst einmal für sich. In der Beschäftigung mit jedem einzelnen Tag wird aber deutlich, dass sie manchmal auf ganz zufällige und dann wieder nicht so zufällige Weise miteinander verbunden sind.

Die Ausrufung der Republik
am 9. November 1918

In der Nacht vom 8. auf den 9. November 1918 hielt es
die Berliner Gewerkschafterin Cläre Casper nicht mehr
länger zu Hause. Seit ihre Wohnung von der Polizei
durchsucht worden war, hatte sie sich von ihren Genossen ferngehalten, um diese nicht zu gefährden. Doch weil
die Gerüchte über die unmittelbar bevorstehende Revolution, aber auch über Gewalt durch Polizei und Armee
kein Ende nahmen, suchte sie schließlich ihren Genossen
Fritz Schwertfeger auf, der ihr berichtete, was die Revolutionären Obleute gerade beschlossen hatten. Er trug
ihr auf, sofort den Werkzeugmacher Arthur Schöttler in
seiner Wohnung aufzusuchen und mit ihm vor der Deutschen Waffen- und Munitionsfabrik AG in Charlottenburg Flugblätter zu verteilen. Cläre eilte zu Schöttler und
weckte ihn mit den Worten: »Steh auf Arthur, es ist Revolution!« – »Mensch, Cläre, bist du's?« Arthur Schöttler
sprang in die Hosen, und keine zehn Minuten später waren sie aus dem Haus. Als die Arbeiterinnen und Arbeiter
der ersten Schicht in der kalten und regnerischen No-
vembernacht zur Waffenfabrik kamen, übergaben Cläre
und Arthur ihnen die Flugblätter mit dem Aufruf zur

Demonstration. Nachdem diese verteilt waren, wärmten sie sich auf und luden zusammen mit einigen Genossen die Revolver, um endlich den Krieg und die alte Ordnung zu beenden.

Um neun Uhr kamen die Arbeiterinnen und Arbeiter aus den Toren und formierten sich zum Marsch: Die Männer gingen bewaffnet voran, die Frauen unbewaffnet hinterher. Arthur, dem wohl bewusst war, dass es dort vorne gefährlich werden konnte, reichte Cläre wie zum Abschied die Hand und rief, so unbekümmert er es vermochte: »Mach's gut, Cläre!« Dann lief er mit der Waffe in der Hand an die Spitze des Zuges. Die Menschenmenge setzte sich in Bewegung und zog die Kaiserin-Augusta-Allee hinunter bis zur Schlossbrücke. Auf dem Weg Richtung Innenstadt besetzten die Arbeiter alle öffentlichen Gebäude, die Polizeiwache, die Gaswerke, das Rathaus Charlottenburg und die Technische Hochschule. Dabei fiel kein einziger Schuss.

Der Demonstrationszug, in dem Cläre Casper marschierte, war längst auf Tausende von Menschen angewachsen, als er gegen Mittag am Reichstag ankam. Dort traf Cläre auf andere Genossinnen und Genossen, die sie unter lautem Jubel in die Arme schlossen.

Um zwölf Uhr erfuhr der Reichskanzler Max von Baden, dass sich Arbeiterinnen und Arbeiter in riesigen Marschkolonnen auf das Stadtzentrum zubewegten. Obwohl der Kaiser sich immer noch nicht zu einem Rücktritt hatte durchringen können, gab der Reichskanzler die folgende Verlautbarung heraus: »Der Kaiser und König hat sich entschlossen, dem Thron zu entsagen.« Diesem historischen Moment war eine Absprache vorausgegangen: Der Reichskanzler hatte gemeinsam mit Friedrich Ebert, dem Vorsitzenden der Sozialdemokratischen Partei Deutschlands (SPD), und General Wilhelm Groener, dem Chef der Obersten Heeresleitung, bereits zwei Tage zuvor ausgehandelt, dass der Kaiser zurücktreten müsse, um die Kontrolle über die Revolution zu gewinnen, die unmittelbar bevorstand. Am 9. November geriet Max von Baden unter Zeitdruck, weil die Arbeiter schon ins Zentrum marschierten, Groener aus dem belgischen Spa, wo der Kaiser sich im Hauptquartier der Streitkräfte aufhielt, aber immer noch keinen Vollzug meldete. Wenn der Kaiser nicht zurücktrat, so befürchtete er, wäre die Revolution nicht mehr aufzuhalten. Ebert ahnte, dass es dafür längst zu spät war, und drängte zur Eile. Der Kaiser aber war noch nicht zum Rücktritt bereit, und so rang er mit einem Entschluss, der längst von der Wirklichkeit überholt war.

Kurz nachdem der Rücktritt des Kaisers, zu früh und gleichzeitig viel zu spät, verkündet war, erschien Friedrich Ebert mit einer Abordnung des SPD-Vorstandes in der Reichskanzlei und forderte die Regierungsübergabe, »damit Ruhe und Ordnung gewahrt« würden. Max von Baden widersetzte sich nicht, hoffte er doch darauf, dass Ebert in der Lage sein würde, die Revolution zu bändigen.

In der Stadt brodelten an diesem Tag die Gerüchte. Auch die Künstlerin Käthe Kollwitz hielt es nicht mehr zu Hause. Gegen eins fuhr sie von ihrer Wohnung am Prenzlauer Berg aus in die Stadt. Schon am Tag zuvor, so schreibt sie in ihrem Tagebuch, war sie ungeduldig Unter den Linden auf und ab gegangen, in der Hoffnung auf ein Flugblatt, das die Abdankung des Kaisers verkünden würde. Als sie nun den Tiergarten durchquerte, verbreitete der *Vorwärts* endlich die ersehnte Nachricht: »Der Kaiser hat abgedankt!« und »Es wird nicht geschossen!«. Sie reihte sich in einen der Demonstrationszüge ein, die Richtung Reichstag strebten. Dort raunte man sich bereits zu: »Ebert Reichskanzler! Weitersagen!«

Der SPD-Vorsitzende und zukünftige Reichskanzler Friedrich Ebert befand sich zu diesem Zeitpunkt im Speisesaal des Reichstags. Ein paar Tische weiter saß sein Parteifreund Philipp Scheidemann, die beiden mochten sich nicht besonders. Scheidemanns Erinnerungen zufolge löffelten sie gerade die dünne Wassersuppe – wegen der kriegsbedingten Versorgungsprobleme das einzige Angebot in der Kantine –, als Arbeiter und Soldaten in den Saal stürmten und die beiden führenden Männer der Sozialdemokratie aufforderten, sich an die Menge zu wenden, die aus allen Richtungen zum Reichstag strömte. Ebert winkte ab, aber Scheidemann, der ein guter Redner war und um sein Talent wusste, stand auf und ließ sich von den Revolutionären zum Fenster des Lesesaals geleiten. Der österreichische Korrespondent Ernst Friedegg erinnerte sich später, dass Scheidemann ihn unterwegs zum Mitkommen aufforderte. Am Fenster sahen sie, wie die Menge Hüte und Mützen in die Höhe reckte. Scheidemann erklomm die Balustrade, Tausende Berliner standen vor ihm und skandierten Forderungen. Dann wurde es still, und Scheidemann hielt eine Rede, die in den berühmten Worten gipfelte: »Das deutsche Volk hat auf der ganzen Linie gesiegt. Das alte Morsche ist zusammengebrochen; der Militarismus ist erledigt! Die Hohenzollern haben abgedankt! Es lebe die deutsche Republik!«

Da brach die begeisterte Menge in Beifall und Freudenschreie aus. Zufrieden mit sich selbst ging Scheidemann in den Speisesaal zurück, um sich wieder seiner Wassersuppe zu widmen. Die Arbeiter und Soldaten, die ihn begleitet hatten, riefen euphorisch in den Speisesaal hinein: »Scheidemann hat die Republik ausgerufen!« Als Friedrich Ebert das hörte, wurde er zornesrot im Gesicht, sprang auf und stellte Scheidemann zur Rede: »Ist das wahr?« Scheidemann erwiderte, die Republik sei »eine Selbstverständlichkeit«. Daraufhin schrie Ebert ihn an: »Du hast kein Recht, die Republik auszurufen! Was aus Deutschland wird, ob Republik oder was sonst, das entscheidet eine Konstituante!«

Dafür, dass der Sozialdemokrat Ebert an diesem Tag, an dem die Republik schon Tatsache geworden war, die Wahl der Regierungsform tatsächlich noch mal einer verfassungsgebenden Versammlung überlassen wollte, hatte Scheidemann nur Kopfschütteln übrig. Von diesem Streit, wie er in den Erinnerungen Scheidemanns wiedergegeben wird, bekam die Menge vor dem Reichstag selbstverständlich nichts mit. Die Menschen, gewöhnt an die Trauer über die Gefallenen, gezeichnet von Verletzungen und ausgezehrt vom Hunger und den Entbehrungen der Kriegsjahre, jubelten – vermutlich nicht zuletzt darüber, endlich wieder Euphorie zu spüren. Auch Käthe Kollwitz war überwältigt vor Glück: »So ist es nun wirklich«, schrieb sie später in ihrem Tagebuch. »Man erlebt es und faßt es gar nicht recht.« Vor dem Reichstag feierten Arbeiterinnen und Kriegsteilnehmer diesen großen Augenblick.

Am Nachmittag desselben Tages kletterte Karl Liebknecht, der große Konkurrent von Ebert und Scheidemann, der viele revolutionäre Arbeiter und Kriegsgegner hinter sich wusste, im Berliner Lustgarten vor dem Stadtschloss der Hohenzollern gegen vier Uhr auf einen Lastwagen, wandte sich über Lautsprecher an die Menschenmenge und proklamierte, ebenfalls unter großem Jubel, die freie sozialistische Republik Deutschland. Als er kurze Zeit später ins Schloss gelangte, stellte er sich auf den Balkon und verkündete: »Die Herrschaft des Kapitalismus, die Europa in ein Leichenfeld verwandelt hat, ist gebrochen.« Als er rief: »Wer von euch die freie sozialistische Republik Deutschland und die Weltrevolution erfüllt sehen will, der hebe seine Hand zum Schwur!«, erhoben alle die Hände und riefen: »Hoch die Republik!«

Cläre Casper aber, eigentlich eine Anhängerin Liebknechts und der sozialistischen Revolution, bekam davon nichts mit. Sie blieb den Rest des Tages auf den Stufen des Reichstages sitzen und fuhr erst im Dunkeln erschöpft nach Hause.

Kriegsbegeisterung, Kriegsverzweiflung

Die Gewerkschafterin Cläre Casper war im November 1918 erst 26 Jahre alt – und doch galt sie bereits als einflussreiche Arbeiterführerin. Sie war die einzige Frau unter den Revolutionären Obleuten – von den Gewerkschaften unabhängige und von den Arbeiterinnen und Arbeitern direkt gewählte Vertrauensleute –, die in den Unruhen der letzten Kriegsjahre eine bedeutende Rolle

spielten. Cläre hatte früh lernen müssen, sich durchzusetzen, das zeigen nicht zuletzt ihre Erinnerungen an die
Streikbewegungen und die Revolution, die sie viel später – als sie in der DDR lebte – zu Papier brachte. Geboren wurde sie am 5. Februar 1894 in Berlin. Ihr Vater war
Kutscher, ihre Mutter war bis zur Heirat Dienstmädchen gewesen. Sie hatte drei kleinere Geschwister und
besuchte bis zum 14. Lebensjahr die Volksschule. Kurz
nachdem Cläre die Schule verließ, starb ihre Mutter,
die Familie zerbrach. Da »der Vater mit den vier Gören
nichts anzufangen wusste, gingen die beiden größeren
Kinder in Stellung, die kleineren kamen ins Waisenhaus«.
Zunächst arbeitete Cläre für neun Mark im Monat als
Dienstmädchen, mit 16 Jahren ging sie in die Fabrik und
trat dem Deutschen Metallarbeiterverband (DMV) bei.
Sie erlebte die Ausbeutung der Arbeiterklasse am eigenen Leib und wusste das verbreitete Spottlied auf die
großen Firmen zu singen:

»Wer nie sein Brot mit Tränen aß,
bei Siemens und bei Borsig,
der kennt des Lebens Jammer nicht,
der hat ihn nun noch vor sich!«

Bei Kriegsausbruch kannte Cläre Casper bereits »des Lebens Jammer«, denn sie arbeitete bei Siemens & Halske.
    Die 47-jährige Käthe Kollwitz war schon als Künstlerin
etabliert, als der Krieg ausbrach. Im Nachhinein beschreibt
sie, wie die Kriegsbegeisterung sie und ihre ganze Familie an einem Tag im August 1914 erfasste, »als Peter (Käthes jüngster Sohn) bei einem Gang durch die Stadt die

Franzer« – also die Soldaten, die gegen Frankreich kämpfen sollten – »ausrücken sah. Unter brausendem Volksgesang der ›Wacht am Rhein‹. (…) Karl (Käthes Mann) sagt: ›Diese herrliche Jugend – wir müssen arbeiten dass wir ihrer wert werden.‹« Nachdem der ältere Sohn Hans Kollwitz sich bereits in den ersten Kriegstagen freiwillig gemeldet hatte, wollte nun auch der 18-jährige Peter für das Vaterland in den Krieg ziehen. Als Minderjähriger brauchte er allerdings die Einverständniserklärung der Eltern. Käthe Kollwitz glaubte, sich der Opferbereitschaft ihres Sohnes nicht widersetzen zu können, und überredete ihren Mann, die Unterschrift zu geben.

Während die Berliner Ober- und Mittelschicht – einschließlich der sozialdemokratisch gesinnten Familie Kollwitz – in Kriegsbegeisterung schwelgte, verschärfte dieser Krieg sehr rasch die ohnehin prekäre Situation der Arbeiterinnen und Arbeiter. Da Züge für den Transport der Soldaten an die Front etwa in Belgien, Litauen und Polen benötigt wurden, war der öffentliche Nahverkehr eingeschränkt, und Cläre Casper musste zur Arbeit nach Siemensstadt laufen. Der Fußmarsch dauerte morgens wie abends je zwei Stunden. Dennoch galt: »Wer nicht pünktlich um sieben Uhr am Arbeitsplatz war, wurde vom Meister angebrüllt und mit Entlassung bedroht.« Zudem stiegen die Lebensmittelpreise, und die Versorgung der Bevölkerung wurde immer schlechter. Die Folgen bekamen wiederum als Erstes die armen Menschen, also vor allem die Arbeiterfamilien, zu spüren.

Trotzdem hatten die Gewerkschaftsführer angesichts der scheinbar allgemeinen Kriegsbegeisterung in die sogenannte Burgfriedenspolitik eingewilligt. Unter diesem

Stichwort hatten sich alle politischen Kräfte des Reiches hinter der vermeintlichen nationalen Aufgabe des Krieges versammelt, sodass selbst den Gewerkschaftern Streiks und Lohnforderungen wegen der dringenden Kriegsaufträge fast als Landesverrat galten. Doch auch in den Gewerkschaften gab es solche, die sich ein Beispiel an Karl Liebknecht nahmen, der im Dezember 1914 seine Zustimmung zu den Kriegskrediten verweigerte und 1916 für seine Überzeugungen ins Gefängnis ging. Die Kriegsgegner bildeten allerdings die Minderheit innerhalb der SPD und innerhalb der Gewerkschaftsführungen, die jeweiligen Mehrheiten verhielten sich loyal zur Reichsregierung. Im April 1917 gründete sich schließlich die Unabhängige Sozialdemokratische Partei (USPD), die aus den Auseinandersetzungen um Kriegskredite und Burgfriedenspolitik hervorgegangen war. Die Mehrheit in der SPD nannte sich nun MSPD. Cläre Casper gehörte zu den Kriegsgegnerinnen und machte während des Krieges bei verschiedenen Protesten in den Betrieben mit. Bei einem dieser Arbeitskämpfe hatte sie ein Erweckungserlebnis, denn ihr Einsatz für die Kolleginnen hatte tatsächlich Erfolg: »Nachdem ich die Forderungen der Frauen vorgetragen hatte, herrschte so ein Kampfgeist unter ihnen, dass der Vertreter der Firma Zugeständnisse machen musste.« Allerdings hatte dieser Erfolg für Cläre Casper selbst auch negative Folgen: »Man erkannte in mir natürlich die Aufwieglerin, und einige Tage später wurde ich unter fadenscheinigen Gründen entlassen.« Arbeitskampf bedeutete für Gewerkschafterinnen und Gewerkschafter Hunger und Not. Dennoch blieb Cläre Casper kämpferisch und konnte immer größere Erfolge verbuchen. »Inzwischen waren die Brotrationen immer kleiner und der Hunger der Menschen immer größer geworden. Die Betriebe arbeiteten jetzt fast nur mit weiblichen Arbeitskräften. (…) Die Männer wurden bis auf wenige Fachkräfte zum Heeresdienst eingezogen. Hier war es uns als Vertrauensleuten nicht schwer, die vielen berufstätigen Frauen, die besonders unter den Auswirkungen des Krieges litten, zum Streik zu bewegen und den Streik erfolgreich und einheitlich durchzuführen.«

Bereits zehn Wochen nach Kriegsbeginn, am 22. Oktober 1914, fiel Peter Kollwitz, der jüngste Sohn von Karl und Käthe Kollwitz, in der Ersten Flandernschlacht in einem belgischen Chausseegraben. Die Künstlerin war von der Trauer und ihren eigenen Schuldgefühlen schwer getroffen. Sie war diejenige gewesen, die ihren Mann überredet hatte, sein Einverständnis für die Einberufung ihres Sohns zu geben. Und doch rang sie mit ihrer Haltung zum Krieg: Sie glaubte, die Begeisterung und Opferbereitschaft, die Peter das Leben gekostet hatten, nicht verraten zu dürfen, indem sie den Krieg verurteilte.

Am 17. April 1917 kam es in Berlin zum sogenannten Brotstreik. Etwa 300 000 Arbeiterinnen und Arbeiter forderten eine bessere Versorgung mit Nahrungsmitteln. Die Regierung sah sich gezwungen, nachzugeben. Das politische Bewusstsein der Arbeiterinnen, die neben der Versorgung der Familie auch mit dem Verlust der gefallenen Väter, Brüder, Ehemänner und Söhne zu kämpfen hatten, wuchs weiter. Cläre Casper, die abermals in der ersten Reihe der Streikenden stand, musste sich wiederum eine neue Arbeit suchen.

Ebenso machte sich in den Kreisen der ehemals Kriegs-begeisterten Ernüchterung breit. Käthe Kollwitz schloss sich im Juli 1917 der Friedensbewegung an: »Eine neue Wandlung, eine ganz gute. Zum Frieden. Zum Arbeiten mit allen Kräften für den Frieden. Kein Abwarten mehr, sondern tun, agitieren. (…) Ich denke an die Toten. O lieber Gott, glühend wie 1914, wie hingebungsvoll und berufen – und tot liegen die Jungen, können nicht mehr dabei sein.«

Für Frieden und Revolution

Im Juli 1917 fand sich im Reichstag eine große Mehrheit für einen Verständigungsfrieden und gegen die Weiter-führung des Krieges. Unter dem Eindruck, dass der Krieg nicht mehr zu gewinnen sei, beschlossen Sozialdemokra-ten, Linksliberale und Zentrumspartei am 17. Juli 1917 die Friedensresolution, in der sie neben der Beendigung des Krieges auch demokratische Reformen im Inneren for-derten. Allerdings blieb diese gemeinsame Willensbekun-dung der Mehrheitsfraktionen im Reichstag noch über ein Jahr ohne nennenswerte Folgen für die Kriegspolitik des Deutschen Reiches, die von der Obersten Heereslei-tung (OHL) verantwortet wurde.

Auch deshalb brach am 28. Januar 1918 in ganz Deutschland der Munitionsarbeiterstreik aus, an dem sich über eine halbe Million Arbeiterinnen und Arbeiter be-teiligten. Neben den Revolutionären Obleuten waren die Reichstagsabgeordneten Scheidemann und Ebert in der Streikleitung vertreten. Die beiden gaben später zu Protokoll, dass sie dort eingetreten waren, um den Streik so schnell wie möglich zu beenden und die Kriegsanstrengungen nicht weiter zu gefährden. Cläre Casper bekam diese SPD-Linie zu spüren: Sie musste sich vom Mehrheitsgewerkschafter Wilhelm Siering besonders schwere Vorwürfe gefallen lassen, da sie »als Frau« der Streikleitung angehörte. Wie alle Befürworter des Streiks trage sie die Schuld an den Verlusten, die den deutschen Truppen durch die Unterbrechung der Munitionslieferungen drohten – in ihrem Fall jedoch, so die misogyne Wendung des Vorwurfs, wiege diese Schuld umso schwerer: Die Aufgabe der Frau bestehe nämlich gerade darin, den an der Front kämpfenden Truppen den Rücken freizuhalten. Es war die typische Rhetorik zur Zeit des Ersten Weltkrieges, gegen die sie schlicht erklärte, »dass durch die Weiterführung des Krieges die Verluste an Menschenleben viel größer seien, und daran seien er und seine Parteifreunde schuld«.

In diesem Kampf hatte Cläre Casper allerdings Glück, dass sie eine Frau war. Sie verlor zwar ein weiteres Mal ihren Arbeitsplatz, aber die männlichen Anführer der Streikbewegung wurden fast alle zur kämpfenden Truppe einberufen. Ihre Papiere wurden mit dem inoffiziellen Kennwort »Kohlen« markiert, das den Offizieren anzeigte, dass es sich bei den Rekruten um revolutionäre Arbeiter handelte, die daraufhin meist an der vordersten Front »verheizt« wurden.

Aus dem Januarstreik hatten die Revolutionären Obleute den Schluss gezogen, dass eine Bewaffnung der Massen für eine erfolgreiche Revolution und das erhoffte Kriegende unerlässlich war. Cläre Casper stellte ihre

Wohnung in Charlottenburg daraufhin für die Lagerung von Waffen zur Verfügung.

Im Sommer 1918 schwand die Siegeszuversicht in weiten Teilen der deutschen Bevölkerung. Dessen ungeachtet verbreitete die OHL bis in den September hinein Durchhalteparolen. Der Kaiser wandte sich noch am 11. September an die Arbeiterschaft der Firma Krupp: »Diesen unvergleichlichen Heldentaten unseres Heeres und unserer Flotte muss ein Rückhalt geschaffen werden, nicht bloß in der Arbeit, sondern auch im Sinn und Gedanken unseres Volkes. Es handelt sich nicht nur darum, unserem tapferen Heere und unserer braven Marine Material und Ersatz nachzuschieben, sondern es handelt sich darum, dass ein jeder Deutscher und eine jede Deutsche weiß, dass wir um unsere Existenz kämpfen und ringen, dass wir das Äußerste aufbieten müssen, um uns siegreich zu wehren.«

Doch trotz der viel beschworenen Tapferkeit des Heeres rückten britische Kampfverbände am 27. September über die sogenannte Siegfriedstellung vor. Östlich dieser Linie, die von der nordfranzösischen Stadt Arras bis nach St. Quentin reichte, gab es keine deutschen Verteidigungsanlagen mehr. Erich Ludendorff, der als Stellvertreter des Kriegshelden Paul von Hindenburg die Geschicke der Obersten Heeresleitung bestimmte, hatte die heraufziehende Niederlage bis zu diesem Zeitpunkt allem Anschein nach nicht als solche wahrgenommen. Bis Ende September war Ludendorff einschlägigen Berichten zufolge die personifizierte Siegeszuversicht gewesen. Sowohl den Soldaten als auch der Bevölkerung wurde stets mitgeteilt, dass der Sieg noch zu erringen sei. Aber der Durchbruch der alliierten Truppen änderte schlagartig alles: Ludendorff forderte am 29. September 1918 plötzlich Waffenstillstandsverhandlungen sowie den Rücktritt der Regierung. Dem Kaiser sagte er, dass die OHL und das deutsche Heer am Ende seien und die endgültige Niederlage unvermeidbar bevorstehe.

Unter diesen Umständen wollten die militärischen Eliten des Reiches nun das aus ihrer Sicht Schlimmste verhindern. Zunächst sollte eine Parlamentarisierung des Reiches »von Oben« einer Revolution »von Unten« den Wind aus den Segeln nehmen. Zugleich sollte diese parlamentarische Regierung die Waffenstillstandsverhandlungen führen, zu denen die Generäle sich nicht in der Lage sahen. Dafür stellte sich der liberale Cousin des Kaisers, Prinz Max von Baden, zur Verfügung. Er wurde am 3. Oktober 1918 Reichskanzler und bildete eine Regierung aus den Parteien, die 1917 im Reichstag die Friedensresolution unterstützt hatten: SPD, Zentrum und die Liberalen von der Fortschrittlichen Volkspartei. Ludendorff giftete gegenüber seinen Anhängern über die neuen Machthaber: »Wir werden also diese Herren jetzt in die Ministerien einziehen sehen. Die sollen nun den Frieden schließen, der jetzt geschlossen werden muss. Sie sollen die Suppe jetzt essen, die sie uns eingebrockt haben.« Damit war die Dolchstoßlegende geboren, die besagte, dass die tapferen deutschen Soldaten von der Heimatfront, vor allem von den Demokraten, den Sozialisten und von den Juden verraten worden seien. Diese Legende wurde von Ludendorff und den übrigen Anhängern der alten Ordnung eifrig lanciert und entwickelte sich zu einer schweren Hypothek für die parlamentarische Regierung.

In den Augen Ludendorffs und seiner Parteigänger war es nur folgerichtig, dass die neue Regierung zahlreiche politische Häftlinge, also »Sozialisten und Kriegsgegner«, darunter auch Karl Liebknecht, amnestierte. Die revolutionären Arbeiter bereiteten Liebknecht, der am 23. Oktober 1918 nach Berlin zurückkehrte, einen begeisterten Empfang. Die Stenotypistin Martha Globig war damals Mitglied der Spartakusgruppe, einer Vereinigung von linken Sozialdemokraten, deren Name sich auf den Anführer des berühmten Sklavenaufstandes im Römischen Reich zurückführen lässt. Sie erinnert sich daran, dass der Bahnhof »schwarz von Menschen« war: »Alle wollten Liebknecht sehen, wollten den Rufer gegen den imperialistischen Krieg reden hören, wollten wissen, was er ihnen heute zu sagen hätte. Die Treppen, die vom Bahnhof herunterführten, spürte man nicht. Man wurde von der Menge hinuntergetragen. Auf dem Platz vor dem Bahnhof wurde ein Plattenwagen angehalten, und Liebknecht hielt von dort seine erste Ansprache.«

Gemeinsam mit den Revolutionären Obleuten, der USPD und den Spartakisten wurde nun ein reichsweiter Generalstreik vorbereitet, der nach dem Willen Liebknechts und seiner Genossen in einer Revolution münden sollte. Die Streikenden sollten vor die Kasernen ziehen und die Soldaten zur Niederlegung der Waffen bewegen. Die Revolutionären Obleute scheuten jedoch die Konfrontation mit den Soldaten und verschoben den Termin immer wieder. Schließlich wurde der 11. November 1918 als der Tag festgelegt, an dem die Revolution beginnen sollte. Doch bereits in der Woche zuvor überstürzten sich die Ereignisse. Am 3. November revoltierten in Kiel die Matrosen, um jenen Kameraden beizustehen, die gegen eine letzte verzweifelte »Todesfahrt« der Hochseeflotte gemeutert hatten. Als eine Patrouille neun Demonstranten erschoss und 22 weitere verletzte, nahm die Revolution ihren Anfang. Überall schlossen sich Arbeiter und Soldaten an. Am 5. November erreichten die Unruhen Lübeck, am 6. Hamburg und Bremen. An jenem Mittwoch forderte Friedrich Ebert in der Reichskanzlei in Berlin ultimativ die Abdankung des Kaisers, um »den Übergang der Massen ins Lager der Revolutionäre zu verhindern«. Am 7. November griff die Revolution auf die Städte Hannover und Köln über. Ebert drängte den Kanzler abermals: »Der Kaiser muss sofort abdanken, sonst haben wir die Revolution.« Max von Baden ließ sich von Ebert überzeugen – allein der Kaiser in Spa war noch nicht so weit. Am 8. November erreichte die Revolution schließlich Berlin. Aus Angst vor der drohenden Massenrevolte wurde der Sprecher des linken Flügels der USPD, Ernst Däuming, verhaftet. Da bei ihm umfangreiches Material über den für den 11. November geplanten Streik gefunden wurde, entschlossen sich die Revolutionären Obleute, die Aktionen auf den nächsten Tag vorzuziehen.

So kam es, dass Cläre Casper am frühen Morgen des 9. November in die Wohnung ihres Genossen Arthur Schöttler stürmte, um mit ihm gemeinsam die Arbeiter für den bevorstehenden Generalstreik zu bewaffnen.

Nach dem 9. November

Am Tag nach der großen Euphorie hielt Käthe Kollwitz ernüchtert fest: »Früh die schlimme Nachricht, dass Unabhängige und Mehrheitssozialisten sich nicht einigen können.«

Friedrich Ebert und Philipp Scheidemann schlug, bei allem Jubel vor dem Reichstag am 9. November, in den Folgetagen nicht nur der Unmut der konservativen, nationalen und bürgerlichen Frauen und Männer sowie eines guten Teils der Frontsoldaten entgegen. Den Unabhängigen Sozialdemokraten, den Revolutionären Obleuten und den Spartakisten galten die Mehrheitssozialdemokraten aufgrund ihrer Zustimmung zur Burgfriedenspolitik als Kriegstreiber und Verräter der Revolution. Und zumindest in einem hatten die radikalen Linken recht: Die Mehrheitssozialdemokraten um Friedrich Ebert wollten keine kommunistische Revolution. Ebert hatte zum Reichskanzler Max von Baden in diesen entscheidenden Tagen über die »soziale Revolution« gesagt: »Ich aber will sie nicht, ja ich hasse sie wie die Sünde.« Seine politischen Ziele waren der Ausbau des Sozialstaats und die Begründung einer parlamentarischen Demokratie sowie eine umfassende Reform des Wahlrechts, das zum Beispiel auch Frauen zukommen sollte. Vor allem aber wollte Ebert das, was er »russische Verhältnisse« nannte, um jeden Preis vermeiden. Den Spartakisten, der USPD und den Revolutionären Obleuten dagegen galten die russischen Revolutionäre, die mit dem Versprechen auf einen bedingungslosen Frieden im Herbst 1917 eine sozialistische Räteregierung an die Macht geputscht hatten, als

unbedingte Vorbilder. Cläre Casper hatte nach der Ok-
toberrevolution ihre Kolleginnen mit den Worten »Im
Osten geht die Sonne auf!« agitiert, auf den Flugblättern,
die sie am Morgen des 9. November verteilt hatte, wurde
die »Verbindung mit dem internationalen Proletariat,
insbesondere mit der russischen Arbeiterrepublik« gefordert. Und Karl Liebknecht hatte vom Schlossbalkon
ausdrücklich die »russischen Brüder« als Unterstützer benannt.

Käthe Kollwitz war am 10. November 1918 wieder in
der Innenstadt, um die Revolution hautnah mitzuerleben:
»Vom Reichstagsplatz gekommen, wo der Bund für Vaterland einberufen hatte. Es sprachen am Bismarck-Denk-
mal verschiedene Männer, auch eine Frau.« Diese Frau
war Helene Stöcker, eine Frauenrechtlerin, die sich insbesondere für ledige Mütter einsetzte. Zudem war sie ab
1914 eine entschiedene Gegnerin des Krieges gewesen
und Mitbegründerin des pazifistischen »Bund Neues Vaterland«. Während der Rede von Helene Stöcker fielen
Schüsse, die Vortragende und die Zuhörer waren mehrfach gezwungen, in Deckung zu gehen. Schon am ersten
Tag nach der friedlichen Revolution war die Gewalt spür-
bar.

Doch die »russischen Verhältnisse« waren nicht nur
der Albtraum Friedrich Eberts – weite Teile der Bevölkerung wünschten sich Ruhe und Ordnung. Thomas
Mann etwa schrieb am 10. November erleichtert in sein
Tagebuch: »Die deutsche Revolution ist eben eine deutsche, wenn auch Revolution. Keine französische Wildheit,
keine russisch-kommunistische Trunkenheit.« Das maß-
volle und vernünftige Regeln des politischen Umsturzes,

das Ausbleiben von gewaltsamen Exzessen, vermochte es, viele Parteigänger des alten Regimes zumindest zunächst für Friedrich Eberts Modell einer Revolution zu gewinnen. Deshalb und aus innerster Überzeugung stellte der SPD-Vorsitzende sich in den Dienst des Wunsches nach geregelten Verhältnissen.

Doch die Ruhe und die sogenannten »guten Sitten« waren in diesen Tagen stets bedroht. Diejenigen, die bislang unterdrückt gewesen waren, triumphierten und erschienen auf den Straßen – gemeinsam mit jenen, die den Anlass für die Lust an der Regelverletzung nutzten. So beklagte sich etwa ein Soldat im Lazarett in Danzig über die Respektlosigkeit der revolutionären Fußtruppen: »Am tollsten benahmen sich die Marinesoldaten, halbwüchsige Burschen und Arbeiterinnen. Offizieren wurden die Achselstücke abgerissen, Degen abgenommen und zerbrochen, Unteroffizieren wurden Tressen heruntergerissen oder mit Taschenmessern abgeschnitten. Dies muss man sich als lang gedienter Soldat von fünfzehnjährigen Burschen gefallen lassen.«

Die *Kölnische Zeitung* berichtete in diesen Novembertagen von einer Art revolutionärer Karnevalsstimmung – obwohl der Oberbürgermeister Konrad Adenauer per Flugblatt inständig um Ruhe und Ordnung gebeten hatte. Damit konnte Adenauer aber dem wilden Treiben der Menschen, die vor allem am Neumarkt zusammenkamen, kein Ende bereiten: »Die befreiten Militär- und Zivilgefangenen, unter ihnen auch die Insassen der Frauengefängnisse, gehören denn auch zu den bezeichnendsten Erscheinungen des heutigen Kölner Straßenlebens, dessen Buntheit und Bewegtheit unwillkürlich an Zeiten erinnert, in denen man noch nicht die politische Gesinnung auf die Straße trug, wohl aber das Bedürfnis zu einem Sich-Ausleben, das uns Kölnern ja nicht fremd ist.«

Es ist auffällig, dass in den kritischen Meldungen, in denen der Niedergang der alten Ordnung beklagt wird, häufig das neuartige, als frech und ungehörig empfundene Auftreten von Frauen beschrieben wird. Und in der Tat hatten viele Frauen Anlass, sich über die Revolution zu freuen. So zum Beispiel die Frauenrechtlerinnen Anita Augspurg und Lida Gustava Heymann: »Zurückdenkend erscheinen die folgende Monate wie ein schöner Traum, so unwahrscheinlich herrlich waren sie! Das schwer Lastende der Kriegsjahre war gewichen; beschwingt schritt man dahin, zukunftsfroh!«

Die Revolution und die Frauen

Das Frauenwahlrecht brachte noch nicht die Gleichstellung von Männern und Frauen, aber vor dem Krieg war diese einschneidende Veränderung für die meisten Männer noch unvorstellbar gewesen. Insofern bedeutete es in der Tat eine Revolution, dass Deutschland infolge der Ereignisse des 9. November 1918 nicht nur das preußische Dreiklassenwahlrecht änderte, sondern auch das allgemeine aktive und passive Wahlrecht für Frauen einführte. Von den großen Mächten hatte nur das Russische Reich nach der Februarrevolution 1917 ein Frauenwahlrecht eingeführt, ansonsten waren in Europa lediglich Norwegen, Dänemark und Island Vorreiter. Bei den Wahlen zur Deutschen Nationalversammlung, die im Januar 1919 stattfanden, überstieg die Zahl der wahlberechtigten Frauen die der Männer um 2,8 Millionen.

Nicht nur deswegen wurde die »Frauenfrage« zum Symbol der neuen Zeit. Und indem sie sich gerade in diesem Punkt unversöhnlich zeigten, konnten die Revolutionsgegner die alten Werte und die untergegangene Ordnung gewissermaßen nachträglich verteidigen. Die Konterrevolutionäre bekämpften also auf Flugblättern, in Denkschriften und Parlamentsreden die Emanzipation der Frau mit dem Lamento: »Das deutsche Volk hat bereits fast alles verloren, soll dann das Heiligste, was es für uns gibt, die Reinheit und Unverletzlichkeit der Frau, uns auch noch genommen werden.«

Vor allem jene Frontsoldaten, die Revolution und Demokratie ablehnten, erlebten die neue Ordnung als Angriff auf ihre soldatische Männlichkeit. So wurden besonders jene modernen Frauen zum Feindbild, die neuerdings selbstbewusst in der Öffentlichkeit auftraten: das preußische Kriegertum zersetzt, dem vermeintlich unbesiegten Heer in den Rücken gefallen, diese Anschuldigung galt den bürgerlichen Frauen, die mit ihren »Jammerbriefen« aus der Heimat und dem »weibischen Geschimpfe« in den Warteschlangen vor den leeren Lebensmittelgeschäften die Moral der kämpfenden Truppe untergraben hätten.

Der Antifeminismus wurde Teil der notorischen Dolchstoßlegende. Als Grund für die Niederlage im Krieg wurde nun angegeben, dass die Frauen in der »Heimat« das kämpfende Heer nicht hinreichend unterstützt und sich emotional von den im Feld sich opfernden Soldaten gelöst hätten. Entsprechend machte sich, vor allem unter den Kriegsrückkehrern, die Überzeugung breit, dass das Heer »im Felde unbesiegt« gewesen sei. Dieser Ansicht leisteten auch die Repräsentanten der neuen Ordnung Vorschub. Friedrich Ebert begrüßte am 10. Dezember 1918 die heimkehrenden Truppen mit den Worten: »Kein Feind hat euch überwunden. Erst als die Übermacht der Gegner an Menschen und Material immer drückender wurde, haben wir den Kampf aufgegeben.« Auf diese Worte hin war es ein Leichtes, zu behaupten, dass nicht das Heer den Krieg verloren hätte, sondern eben die Politiker, die Revolutionäre, die Frauen, die in der Heimat den Bedingungen der Kriegswinter nicht standhielten, oder nicht zuletzt die Juden, die in den Augen der Antisemiten ohnehin die Zerstörung Deutschlands im Sinn hatten.

Der Dolchstoß: Frauen, Juden und Sozialisten

Juden hatten in den Jahren des Ersten Weltkriegs zwar grundsätzlich einen festen Platz im öffentlichen und gesellschaftlichen Leben, wurden aber von vielen nationalen Kräften in zunehmendem Maße aus der Volksgemeinschaft gedrängt. Antisemitische Propaganda wurde im Krieg lauter: Obwohl jüdische Deutsche in großer Zahl im Ersten Weltkrieg kämpften und starben, suggerierte die sogenannte »Judenzählung«, die die OHL in Auftrag gegeben hatte, dass Juden in geringerer Zahl in die deutsche Armee eingerückt seien als andere Bevölkerungsgruppen und dass sie dort vor allem hinter der Front gedient und sich so vor dem gefährlichen Kampfeinsatz gedrückt hätten. Nach dem Krieg machten nationale und reaktionäre Kräfte Juden für die Revolution verantwortlich. Diese falsche Überzeugung reichte weit in die mehrheitssozialdemokratischen Kreise hinein – bis hin zu Käthe Kollwitz, die in einem Gespräch mit Lily Zadek, einer befreundeten Zionistin, sagte, dass man in Russland sehe, dass Revolutionäre immer Juden seien.

Die Wahrnehmung vom tapferen Heer, das von den inneren Feinden hinterrücks erdolcht worden war, wurde durch die als erniedrigend und ungerecht empfundenen Waffenstillstandsverhandlungen und den späteren Friedensvertrag noch verstärkt. Der deutschnationale Journalist Paul Baecker gab dieser Ansicht bereits am Tag nach der Revolution beredten Ausdruck und richtete seine Wut dabei vor allem gegen die Sozialisten: »Deutschland, das noch gestern unbesiegt war, von Männern, die den deutschen Namen tragen, seinen Feinden preisgegeben, durch Felonie aus den eigenen Reihen niedergebrochen in Schuld und Schande! Die deutschen Sozialisten wussten, dass der Friede ohnehin im Werden sei und dass es nur noch gelte, Wochen, vielleicht nur Tage lang dem Feinde eine geschlossene, feste Front zu zeigen, um ihm erträgliche Bedingungen abzuringen. In dieser Lage haben sie die weiße Fahne gehisst. Das ist eine Schuld, die nie vergeben werden kann und nie vergeben wird. Das ist ein Verrat, nicht etwa nur an der Monarchie und am Heere, sondern am deutschen Volke selber ...« Als am 11. November der Waffenstillstandsvertrag unterschrieben war und die Waffen schwiegen, verstanden immer weniger Soldaten, wofür sie jahrelang Entbehrungen, Qualen und Verwundungen auf sich genommen hatten. Zwar bemühte sich die Heimat um eine ehrenvolle Aufnahme der

Soldaten, aber sie kehrten eben nicht als Sieger, sondern als Besiegte heim.

Die Wut richtete sich besonders gegen linke Politikerinnen wie Rosa Luxemburg. Zwar hatte es schon längere Zeit Ressentiments gegen die in Polen geborene jüdische Politikerin gegeben – auch aufseiten der Sozialdemokratie –, in der Zeit der Revolution aber eskalierte der Hass. Karl Liebknecht und sie wurden in den Augen ihrer Gegner Inbegriff jener Kräfte, die einen Umsturz nach bolschewistischem Vorbild planten – beide jüdisch und Rosa Luxemburg zudem eine Frau.

Auch den Mehrheitssozialisten um Ebert erschienen Liebknecht und Luxemburg als die eigentlichen und gefährlichsten Gegner des erneuerten Deutschlands. Die Angst vor einem Putsch von links veranlasste Ebert, ein Bündnis mit der Obersten Heeresleitung unter der Leitung des Generals Wilhelm Groener einzugehen, dem Nachfolger Ludendorffs. Am Abend des 10. November hatte dieser Ebert am Telefon angeboten, das neue parlamentarische System zu unterstützen. Der General handelte aus Pragmatismus, nicht aus Überzeugung: Die OHL hatte die Loyalität der Truppen verloren. Um machtpolitisch nicht ins Abseits zu geraten, schlug Groener Ebert vor, gemeinsam gegen Radikalismus und Bolschewismus zu kämpfen und »geordnete Zustände« herzustellen. Genau das wollte auch Ebert, der sich aus diesem Kalkül gegen die Revolution stellte, die ihn doch nur wenige Stunden zuvor überhaupt erst zum Reichskanzler gemacht hatte. Durch dieses Bündnis verhinderte er einen Kompromiss mit den linken Sozialdemokraten, den Unabhängigen und den Spartakisten. Dafür lieferte er sich den Vertretern der alten Ordnung aus, in der trügerischen Hoffnung, diese für das neue demokratische Deutschland gewinnen zu können.

Weihnachtskämpfe und Januaraufstand

In der Folge der Novemberrevolution hatte sich eine »Volksmarinedivision« aus revolutionären Marinesoldaten gebildet, die sich im Berliner Schloss einquartierte. Nachdem einige Kunstschätze aus dem Schloss gestohlen worden waren, forderte der Sozialdemokrat Otto Wels, seit November Stadtkommandant von Berlin, den Abzug der Truppe. Sein Ziel war es, die zuverlässigen Marinesoldaten in die republikanische Reichswehr einzugliedern und den Rest gegen Zahlung einer Abfindung zu entlassen. Um seine Forderungen durchzusetzen, behielt er den Sold ein, woraufhin die Matrosen die Reichskanzlei besetzten und die Telefonzentrale unter ihre Kontrolle brachten. Zudem nahmen sie Wels als Geisel, setzten ihn im Marstall fest und misshandelten ihn. Ebert berief sich auf seine Absprache mit Groener und ließ das Schloss am 24. Dezember von Einheiten angreifen, die der OHL unterstanden. Der Angriff schlug fehl, und die Volksmarinedivision konnte sich – auch dank der Unterstützung von bewaffneten Arbeitern – halten. Erst nach Verhandlungen und nachdem sie ihren Sold erhalten hatten, ließen sie ihre Geisel frei. Der Angriff der Regierung Ebert auf die revolutionären Truppen aber schlug hohe Wellen: »Eberts Blutweihnacht«, wie die Spartakisten das Geschehen nannten, empörte die revolutionären Kräfte im Land und sorgte für den endgültigen Bruch zwischen SPD und USPD.

Die Wut entlud sich wenige Tage später, als die Regierung am 4. Januar infolge der Weihnachtsunruhen mit dem Polizeipräsidenten Emil Eichhorn den letzten Angehörigen der USPD entließ, der noch in leitender Funktion tätig war. USPD, Revolutionäre Obleute und Spartakisten riefen zu einer Demonstration auf, und zu ihrer Überraschung kamen so viele Menschen wie am 9. November. Um die Errungenschaften der Revolution zu verteidigen, besetzten sie das »Zeitungsviertel« zwischen Mehringplatz und Leipziger Straße sowie die Bahnhöfe. In der Mehrzahl waren es Arbeiter, die von zahlreichen Gruppierungen links von der SPD unterstützt wurden. Gustav Noske ließ diese als »Spartakusaufstand« bekannte Demonstration von den regierungstreuen Truppen und den Freikorps gewaltsam auflösen. Die Regierung Ebert wollte die Gefahr von links endgültig bannen und erwies sich bei der Wahl ihrer Partner und Mittel als nicht zimperlich. Bei der Niederschlagung des Aufstandes gab es zahlreiche Tote und Verletzte. Eines der Todesopfer war Cläre Caspers Genosse Arthur Schöttler. Schöttler war unter jenen revolutionären Arbeitern gewesen, die das Gebäude der Parteizeitung der MSPD, des *Vorwärts*, besetzt hatten. Am 11. Januar griff das Freikorps Regiment Potsdam das Gebäude mit einer schweren Kanonade an. Die Besetzer schickten Schöttler als einen von sechs Parlamentären zu den Soldaten. Die Unterhändler aber wurden nicht gehört, sondern furchtbar misshandelt und schließlich an der Kasernenmauer in der Blücherstraße erschossen.

In den Flugblättern der MSPD, die in den Tagen des Januaraufstands 1919 kursierten, wurden antisemitische und fremdenfeindliche Ressentiments verstärkt. Den Spartakisten wurde vorgeworfen, »vor Rußlands Asiaten und Mongolen, vor Braunstein (Trotzkij), Luxemburg und Sobelsohn (Karl Radek)« »bauchzurutschen«. Damit schürten die Mehrheitssozialdemokraten die Ängste vor den »russischen Verhältnissen« und den vermeintlich fremden Einflüssen, unter denen die linken Parteien und Arbeiter angeblich standen.

In rechten Kreisen waren diese antisemitischen Klischees freilich noch weiter verbreitet, zudem wurde die Feindseligkeit mit einem äußerst frauenfeindlichen Zungenschlag vorgetragen. Die Wut der Frontsoldaten auf die linke Politikerin Rosa Luxemburg wurde durch den Antisemitismus noch einmal verstärkt. Als »Teufelsweib« wurde sie zum Symbol allen Übels. In seiner Rede vor dem Freikorps beschwor Generalmajor Maerckers im Dezember 1918 dieses Feindbild und stilisierte die kleinwüchsige Sozialistin zur ultimativen Bedrohung: »Rosa Luxemburg kann das Deutsche Reich heute straflos zu Grunde richten, denn es gibt keine Macht im Reiche, die ihr entgegentreten kann. Da wollen wir einspringen, sei es, um die Reichsgrenzen zu beschützen, sei es, um im Inneren für Ruhe und Ordnung zu sorgen.«

Die Freikorps und die Regierungstruppen verteidigten das Reich vor der »Bedrohung« durch Rosa Luxemburg, indem sie ihre Wut zunächst stellvertretend gegen die Frauen in den Straßen Berlins richteten. Arbeiterinnen und andere, die den Soldaten irgendwie verdächtig erschienen, wurden willkürlich verhaftet, unflätig beschimpft und misshandelt. »Du hältst dich wohl für Rosa Luxemburg!« wurde während dieser Tage zur misogynen Parole und zu einer Art Begründung für gewaltsame Ausschreitungen gegenüber Frauen.

Am 14. Januar 1919 ging Cläre Casper zum Berliner Leichenschauhaus, um die Namen derer in Erfahrung zu bringen, die in Kämpfen getötet worden waren. Hunderte Kinder, Frauen und Männer bangten um ihre Angehörigen – deshalb versuchten die Aktivisten, Listen der Gefallenen zu erstellen, um den Hinterbliebenen wenigstens Gewissheit zu verschaffen. In der Rückschau schrieb Cläre Casper: »Die Stunden im Büro des Leichenschauhauses werde ich nie im Leben vergessen. 144 Tote lagen dort, darunter 10 unbekannte Tote, Opfer des Klassenfeindes, – des deutschen Militarismus und seiner sozialdemokratischen Helfershelfer.«

Am Morgen des 16. Januar kam ein niedergeschlagener Genosse zu Cläre und sagte, er habe die Leiche von Karl Liebknecht im Schauhaus gesehen. Am Abend zuvor hatten Soldaten der Garde-Kavallerie-Schützen-Division Karl Liebknecht und Rosa Luxemburg getötet. Karl Liebknecht wurde geprügelt, bespuckt und schließlich von hinten erschossen. Auch Rosa Luxemburg wurde zweimal mit dem Gewehrkolben ins Gesicht geschlagen. Stark blutend warf man sie in ein Auto. Nach kurzer Fahrt schoss ein Oberleutnant ihr in den Kopf. Sie wurde in den Landwehrkanal geworfen, wo man ihre Leiche erst Wochen später fand.

Als Karl Liebknecht gemeinsam mit 31 weiteren ermordeten Spartakisten am 25. Januar zu Grabe getragen wurde, begleiteten über 10 000 Menschen den Trauerzug.

Zahlreiche von ihnen waren zwar keine Parteigänger der Spartakisten, verurteilten aber die Morde an den Revolutionären.

Käthe Kollwitz gehörte dazu. Obwohl sie Anhängerin der Mehrheitssozialdemokraten war und diesen auch bei der Wahl zur Nationalversammlung am 19. November ihre Stimme gegeben hatte, erwies sie Karl Liebknecht die letzte Ehre: »Heute ist Karl Liebknecht begraben«, notierte sie in ihrem Tagebuch: »Ich durfte eine Zeichnung nach ihm machen und ging früh nach dem Schauhause.« Die Freikorps und die Truppen, die den Trauerzug überwachten, kritisierte sie scharf, und sie kommentierte hellsichtig die prekäre Lage, in die sich die Regierung Ebert mit dieser Allianz begeben hatte: »Es ist unwürdig und aufreizend, Liebknechts Gefolgschaft zum Grabe militärisch zu schikanieren. Und es ist ein Zeichen der Schwäche der Regierung, daß sie das dulden muß.«

In dieser bedrückenden Stimmung, die die Euphorie des 9. November 1918 längst abgelöst hatte, schuf Käthe Kollwitz das berühmte Erinnerungsblatt für Karl Liebknecht: »Die Lebenden den Toten – Erinnerung an den 15. Januar 1919«.

Die Trauer über die im Januar 1919 ermordeten Revolutionäre überschattete die Freude über die eigentlich unblutige Revolution vom 9. November 1918. Trotzdem hatte die Revolution das Land verändert: Innerhalb von kürzester Zeit dankten alle deutschen Bundesfürsten ab, einer nach dem anderen. Die alte Ordnung zerbrach, Herrscherhäuser verschwanden, Adlige verloren ihre Rechte (aber nicht ihren Besitz). Ausgerechnet in Bayern übernahm sogar eine revolutionäre Räteregierung die Macht, sie wurde jedoch bereits im Mai 1919 blutig gestürzt. Und auch für Cläre Casper war der Kampf noch nicht vorbei. Sozialistinnen und Sozialisten wurden weiterhin als die größte Gefahr für die junge Republik angesehen, während die Gegner der Demokratie in allen gesellschaftlichen Schichten zahlreich anzutreffen waren. Als die Rechten sich schließlich an den »Novemberverbrechern« rächten, gerieten jene Gruppen wieder ins Visier, die die Dolchstoßlegende schon als Gegner der Volksgemeinschaft ausgemacht hatte: Juden, Sozialisten und Kommunisten sowie jene Frauen, die als Repräsentantinnen der neuen Ordnung gegolten hatten.

Cläre Casper engagierte sich ab 1933 in der Roten Hilfe, die vor allem untergetauchten Kommunisten, aber auch verfolgten Sozialdemokraten half. Sie überlebte den Zweiten Weltkrieg. Auch in der DDR war jedoch, entgegen allen Lippenbekenntnissen, für Frauen keine besondere Rolle in der Erinnerung an die Revolution vorgesehen. Cläre, die nun Casper-Derfert hieß, war traurig darüber, dass niemand aus der SED ihr zum 40. Parteijubiläum gratulierte, das sie im Jahr 1958 beging. Als sie 1976 starb, waren ihre Verdienste um die Revolution vom 9. November 1918 weitgehend vergessen.

Zum Weiterlesen

Cläre Casper-Derfert: Was eine Frau tun kann, Berlin 1958.

Robert Gerwarth: Die größte aller Revolutionen. 1918 und der Aufbruch in eine neue Zeit, München 2018.

1918. Die Deutschen zwischen Weltkrieg und Revolution, hg. v. Gerhard Hirschfeld, Gerd Krumeich, Irina Renz, Berlin 2018.

Käthe Kollwitz: Die Tagebücher, Berlin 1989.

Philipp Scheidemann: Memoiren eines Sozialdemokraten, 2 Bände, Dresden 1928.

»Wie ein provinzieller
Geschäftsreisender sieht er aus.«

Der Putsch der Nationalsozialisten
im Bürgerbräukeller am 9. November 1923

5000 Menschen hatten sich am Abend des 8. November 1923 im Bürgerbräukeller an der Rosenheimer Straße in München eingefunden. Der Saal war gut gefüllt, an den runden Tischen saß die Elite der Münchener Stadtgesellschaft beim Bier. Minister, Bankiers, Generale und Professoren hatten sich zur »Vaterländischen Kundgebung« versammelt, Thema des Abends waren »die Übel des Marxismus«. Der bayerische Generalstaatskommissar Gustav von Kahr trat ans Podium und begann, die Anwesenden mit seinen Ausführungen einzulullen. Kahr war kein guter Redner. Eine Dreiviertelstunde hatte er gesprochen, als plötzlich mehrere bewaffnete Männer den Saal stürmten und auf dem Weg zum Rednerpult Tische und Stühle umwarfen. Karl Alexander von Müller, einer der anwesenden Professoren, erinnerte sich später, dass ein bleicher Mann, dem die dunklen Haarsträhnen ins Gesicht fielen, auf einen Stuhl kletterte und kommandierte: »Ich teile den Anwesenden mit, dass die nationale Revolution in ganz Deutschland ausgebrochen ist. 600 bewaffnete Leute halten diesen Saal besetzt, niemand kann ihn verlassen.« Einige Zuhörer sagten im Nachhinein, dass der Mann, der im Cut auftrat, das Eiserne Kreuz am Revers, sie an einen Oberkellner oder Charly Chaplin denken ließ. Als Adolf Hitler merkte, dass die Anwesenden sich von diesem Auftritt wenig beeindruckt zeigten, zückte er einen Revolver und schoss in die Saaldecke. Dann ließ er das »Bayerische Triumvirat«, bestehend aus von Kahr, dem bayerischen Polizeiminister Oberst Hans von Seißer und dem Generalleutnant der Reichswehr Otto von Lossow, in ein Nebenzimmer schaffen. Den Raum bewachte ein bewaffneter Mann aus Hitlers Leibwache. Während Hermann Göring im Saal sprach, eröffnete Hitler den drei Herren seine Pläne: Ernst Pöhner, Rat am Bayerischen Obersten Landesgericht, sollte bayerischer Ministerpräsident mit diktatorischen Vollmachten werden, von Kahr Statthalter der Monarchie in Bayern. General von Ludendorff war für die Armee, von Lossow als Reichswehrminister vorgesehen, von Seißer sollte Polizeiminister bleiben, und die Reichsregierung wollte Hitler selbst übernehmen.

Hitler machte deutlich, dass er keine Kompromisse eingehen würde: »Jeder hat den Platz einzunehmen, auf den er gestellt wird, tut er das nicht, so hat er keine Daseinsberechtigung. Sie müssen mit mir kämpfen, mit mir siegen oder mit mir sterben. Wenn die Sache schief geht, vier Schüsse habe ich in der Pistole, drei für meine Mitarbeiter, wenn sie mich verlassen, die letzte Kugel für mich.«

Der ambitionierte Maler Adolf Hitler war 1913 aus Wien nach München gekommen, das für ihn eine Kunststadt war. Dank einer kleinen Erbschaft konnte er dort auch ohne regelmäßiges Einkommen leben. Hin und wieder malte er berühmte Münchener Gebäude. Auf seinen Verkaufstouren durch die Innenstadt erweckte der ärmlich wirkende Mann Mitleid und konnte so ein paar Bilder verkaufen, manchmal fertigte er Auftragsarbeiten an. Als das Deutsche Reich am 1. August 1914 zuerst Russland und zwei Tage später Frankreich den Krieg erklärte, meldete er sich freiwillig zum bayerischen Heer. Dass er als Österreicher dort eigentlich gar nicht aufgenommen werden konnte, übersahen die Behörden. Als Gefreiter wurde er in den folgenden Jahren mehrfach verwundet. Das Kriegsende 1918 erlebte er in einem Reservelazarett in Pasewalk, wo er wegen einer vorübergehenden Erblindung nach einem Senfgasangriff in La Montagne seit Mitte Oktober in Behandlung war. Die Kapitulation, so gab er später an, habe ihn politisiert. Er habe gefühlt, dass es im Reich zum großen Zusammenbruch kommen würde – mit großem Schmerz habe er im Lazarett gelegen, es sei ihm »widerlich«, »zu heulen« gewesen. Als dann am 9. November 1918 die Revolution kam, habe er den Entschluss gefasst, in die Politik zu gehen. Wenige Wochen später kehrte er nach München zurück. Dort war bereits am 7. November König Ludwig III. gestürzt worden. Hier erlebte Hitler – noch im Dienst der Reichswehr – die kurze Phase der Münchener Republik.

Kurt Eisner war zum Ministerpräsidenten und Außen-

minister des provisorischen bayerischen Nationalrates bestimmt worden. Der Journalist und Schriftsteller, der in
Berlin geboren war und seit 1907 in München lebte, war
1917 von der SPD in die USPD übergetreten. Die Unabhängige Sozialdemokratische Partei Deutschlands hatte
sich im April 1917 gegründet, weil ihre Mitglieder die
Zustimmung der SPD zum Weltkrieg nicht weiter mit-
tragen wollten. In den Wirren des Kriegsendes versuchte
Kurt Eisner, eine Räterepublik aufzubauen. Eine schwie-
rige Herausforderung, denn auch nach dem Waffenstillstand mangelte es in München an Lebensmitteln, und die
Inflation stieg. Eisner machte sich bei seinen politischen
Gegnern zusätzlich unbeliebt, indem er die deutsche Mit-
schuld am Ausbruch des Krieges offen thematisierte. Als
bayerischer Außenminister erhoffte er sich davon eine
bessere Verhandlungsposition mit den Alliierten – die ihn
allerdings gar nicht als Verhandlungspartner anerkannten.
Vor den Wahlen am 12. Januar 1919 machte die BVP, die
Bayerische Volkspartei, Stimmung gegen den Ministerpräsidenten. Eisner, so verbreitete die Partei, wolle Bayern in einen Sowjetstaat verwandeln. Der Umstand, dass
Eisner Jude war, wurde im Wahlkampf genutzt, um ihn
zu einem fremden Element zu machen: Öffentlich wurde
zum Mord an ihm aufgerufen, rechte Kreise verbreiteten
die Lüge, er sei in Wahrheit ein »ostjüdischer Agent« und
die Vorhut des Bolschewismus in Bayern.

Die Wahl brachte für die USPD eine krachende Niederlage. Sie gewann nur drei Sitze im bayerischen Landtag. Als Kurt Eisner am 21. Februar seinen Rücktritt bekannt geben wollte, wurde er auf dem Weg zum Landtag
von einem Leutnant der bayerischen Kavallerie erschos-

sen. Der Attentäter, Anton Graf von Arco-Valley, gab im Mordprozess ein Jahr später an, er habe Eisner als einen Führer des Bolschewismus von Herzen verachtet. Die Tat habe ihn zwar zum Mörder, aber zu einem Mörder für das Vaterland gemacht. Arco-Valley stammte aus dem Umfeld der Thule-Gesellschaft, einer antisemitischen, antidemokratischen und konterrevolutionären Gruppierung. Den Trauerzug für Kurt Eisner begleiteten am 26. Februar 100 000 Menschen – darunter auch das Demobilmachungsbataillon, dem Adolf Hitler angehörte.

Nach Eisners Tod wurde Mitte März eine neue Landesregierung aus USPD, Bauernbund und SPD gewählt, deren Führung die Sozialdemokraten übernahmen. Kurz darauf spalteten sich jedoch die USPD-Mitglieder von der Regierung ab. Am 7. April kam es zu einer weiteren Revolution: Die äußerste Linke hatte deutlich an Gewicht gewonnen und rief unterstützt von Kasernenräten der Infanterie die »Baierische Räterepublik« aus. Die Landesregierung floh nach Bamberg – der Einfluss der Räterepublik blieb auf München begrenzt. Dort verschlechterte sich die Ernährungslage bald rapide, doch die Landesregierung ließ sich nicht auf Verhandlungen mit den Vertretern der Räterepublik ein. Auch dann nicht, als am 27. April der eher gemäßigte Schriftsteller Ernst Toller, der nach Eisners Tod neuer Vorsitzender der USPD geworden war, deren Führung übernahm. Stattdessen begann eine politische Gegenbewegung: Verbände aus 30 000 monarchistischen und rechtskonservativen ehemaligen Soldaten und Freiwilligen, die Oberst Franz Ritter von Epp im Auftrag des SPD-Reichswehrministers Gustav Noske gebildet hatte, marschierten am 1. Mai in München ein. Am 3. Mai war die Münchener Räterepublik Geschichte, über 600 Menschen waren innerhalb von drei Tagen äußerst gewaltsam ums Leben gekommen. Victor Klemperer, der zu dieser Zeit Privatdozent für moderne französische Literatur an der Münchener Universität war, schrieb am 4. Mai in sein Tagebuch: »Man hat sich eben ganz an den Zustand der noch hier und da flackernden Straßenkämpfe, der wechselnden Absperrungen, des kriegerischen fantastischen Lebens gewöhnt. Was früher ein Erlebnis gewesen wäre und endlose Erzählungen hervorgerufen hätte, wird jetzt selbstverständlich und gleichgültig hingenommen.«

Schnell machte man die Schuldigen an dem Chaos der letzten Monate aus: Einige der wichtigsten Repräsentanten der Räteregierung waren Juden. Der Schriftsteller Erich Mühsam war seit 1915 wegen seiner Kriegsablehnung und der Organisation von Streiks immer wieder zu Haftstrafen verurteilt worden, er wurde nun als »treibendes Element« zu 15 Jahren Festungshaft verurteilt, von denen er vier Jahre absitzen musste. Der Kommunist Eugen Leviné war erst im März nach München gekommen und hatte die Republik von Mitte April an zwei Wochen lang geleitet. Er wurde im Juni 1919 als »ausländischer Infiltrator« hingerichtet. Ernst Toller, dem ein ähnliches Schicksal drohte, wurde zwar dank des Einsatzes prominenter Schriftstellerkollegen nicht zum Tod, aber zu fünf Jahren Festungshaft verurteilt. Während der Verhandlung legte der Staatsanwalt besonderen Wert auf seine jüdische Abstammung. Dass nur ein kleiner Teil der Revolutionäre jüdischen Glaubens war, störte die nun einsetzende rechte Propaganda nicht, stattdessen skandierte man auf

Münchener Straßen: »Nehmt die Juden in Schutzhaft –
dann herrscht Ruhe im Lande!«

In diese Zeit fiel auch die Unterzeichnung des Frie-
densvertrags von Versailles, der dem Deutschen Reich
und seinen Verbündeten die alleinige Schuld am Ersten
Weltkrieg zusprach und Reparationszahlungen an die
Siegermächte, die Abrüstung des Heeres und eine Be-
schränkung auf 100 000 Mann sowie Gebietsabtretungen
zur Folge hatte.

Hitlers Weg in die (NS)DAP

Adolf Hitler war zu diesem Zeitpunkt immer noch An-
gehöriger der Reichswehr. Obwohl er die Zeit der Räterepublik als Soldat in München verbracht hatte und im
April zum stellvertretenden Soldatenrat gewählt worden
war, wurde er nun dazu eingesetzt, aufzuklären, wie sich
seine Kameraden während der vergangenen Monate verhalten hatten. Als Obergefreiter des Zweiten Infanterie-
regiments sollte er außerdem als Spitzel der nachrichten-
dienstlichen Abteilung der Bayerischen Reichswehr in
München die Moral der Truppe überwachen. Als Propa-
gandist kam ihm die Aufgabe zu, revolutionäre und links-
radikale Soldaten wieder zu guten Patrioten zu machen.
Er agitierte gegen die als »Novemberverbrecher« empfundenen Politiker der neuen Reichsregierung und verbreitete Geschichten über die angebliche »internationale
jüdisch-marxistische und großkapitalistische Verschwörung«.

Im September 1919 besuchte Hitler im Auftrag seines

Vorgesetzten eine Veranstaltung der Deutschen Arbeiterpartei. Die DAP war Anfang des Jahres von Anton Drexler, einem Werkzeugschlosser bei der Königlich Bayerischen Staatseisenbahn, und dem Journalisten Karl Harrer gegründet worden. Die Partei war eine von vielen extremistischen Kleingruppen, die damals in München um Unterstützer warben. Ihr erklärtes Ziel war die Rettung Deutschlands, und nach Drexlers Ansicht hatte die Partei »judenrein« zu sein. In dieser Ansicht stimmte sie mit den anderen Splittergruppen und Vereinigungen überein, es bestand auch eine enge Verbindung zur Thule-Gesellschaft. Statt der Arbeiter, die sie im Namen trug, zog die Partei vor allem Akademiker, Beamte, Angestellte und Soldaten an – die meisten Arbeiter, die in der DAP organisiert waren, stammten aus Drexlers Freundes- und Bekanntenkreis.

Bei seinem Besuch fand Hitler eine Gruppe vor, die trotz ihrer diversen Kontakte kaum organisiert war. Vielleicht sah er in der Partei gerade deshalb eine Zukunft für sich und stellte einen Aufnahmeantrag. Seiner Ansicht nach hätte keine der etablierten Parteien das Problem erkannt, an dem Deutschland zugrunde gehen würde: die marxistische Bewegung. Sie sei es gewesen, die am 9. November 1918 Landesverrat und damit ein »gemeines Verbrechen am deutschen Volke« begangen habe: »Ein Dolchstoß gegen die heldenhaft kämpfende Armee, gegen das deutsche Volk, die deutsche Freiheit und die deutsche Nation.« In den ersten zwei Jahren arbeitete Hitler als Werbeobmann und Verantwortlicher für Propaganda daran, die Partei bekannter zu machen, und zog dafür durch die Braukeller der Stadt.

Drexler zeigte sich von Hitlers Talent beeindruckt, und so ließ die Partei durch »ihren besten Redner« am 24. Februar 1920 die Umbenennung in »Nationalsozialistische Deutsche Arbeiterpartei« und die 25 Punkte ihres »Revolutionären Programms« verkünden. 2000 Menschen verfolgten die Veranstaltung im Festsaal des Hofbräuhauses. Das Programm, das sich nicht nur gegen den Staat, sondern auch gegen alle anderen Parteien richten sollte, unterschied sich indes nicht wesentlich von den Konzepten anderer völkischer oder rechtsextremer Parteien: Der erste Punkt des Programms forderte die Aufhebung des Versailler Vertrages, der im Januar endgültig in Kraft getreten war. An vierter Stelle folgte die Feststellung, dass Staatsbürger nur sein könne, wer Volksgenosse sei. Volksgenosse wiederum könne nur sein, wer deutschen Blutes sei, ohne Rücksicht auf die Konfession. Lapidar wurde hinzugefügt: »Kein Jude kann daher Volksgenosse sein.« Das Programm sprach sich auch dafür aus, eine »deutsche« Presse zu schaffen, in der keine Jüdinnen und Juden tätig waren. Schließlich wurde der »gesetzliche Kampf gegen die bewußte politische Lüge und ihre Verbreitung durch die Presse« gefordert. Das Parteiprogramm war antisemitisch, rassistisch, und die geforderte Einschränkung der Pressefreiheit ließ erahnen, welche Regierungsform die NSDAP anstrebte.

In kurzer Zeit stieg Hitler innerhalb der Partei auf. 1921 löste er Drexler nach einem internen Machtkampf als Vorsitzender ab: Die NSDAP wurde ihm unterstellt, er konnte mit allen Vollmachten über sie verfügen. Schon hier zeigte sich das Führerprinzip, das nach 1933 zentraler Bestandteil seiner Herrschaft werden sollte. Gleichzeitig

entwickelte sich die NSDAP in München zu einer ein-
flussreichen Bewegung, gründete auch außerhalb der Stadt
Ortsgruppen und besaß mit dem *Völkischen Beobachter* inzwischen eine eigene Zeitung. Die Zahl der Mitglieder
war ab Mai 1920 in sechs Monaten von 675 auf 2500 ge-
stiegen. Der überwiegende Teil der Parteiangehörigen war
männlich. Ernst Toller, der noch immer wegen seiner Beteiligung an der Räterepublik in Haft saß, bemerkte 1922:
»Um den Mann Adolf Hitler scharen sich unzufriedene
Kleinbürger, frühere Offiziere, antisemitische Studenten
und entlassene Beamte. Sein Programm ist primitiv und
einfältig.« Doch auch die gehobene Münchener Gesellschaft begann, sich für Hitlers Partei zu interessieren.
Er traf die Mitglieder des Bayerischen Industriellenver-
bandes und machte die Bekanntschaft von Münchener
Professoren. Für die Kontakte sorgten der Chefredakteur
des *Völkischen Beobachters,* Dietrich Eckhart, und Ernst F.
Sedgwick Hanfstaengl, der aus einer wohlhabenden Familie bayerischer Kunstmäzene kam, bestens vernetzt war
und 1922 in die Partei eintrat. Überhaupt traten in dieser
Zeit Männer in die Partei ein, die im NS-Regime noch
wichtige Rollen einnehmen sollten. Da war der Münchener Student Rudolf Hess, der die nationalsozialistische
Studentenhundertschaft anführte, oder Hermann Göring,
hochdekorierter Jagdflieger im Ersten Weltkrieg, der von
Hitler mit dem weiteren Aufbau der »Sturmabteilung«
der Partei beauftragt wurde, die bisher vor allem mit Saal-
schlägereien und Straßenkämpfen von sich reden gemacht
hatte. Ernst Röhm, der sich an der Niederschlagung der
Räterepublik beteiligt hatte, war schon seit 1920 Mitglied
der DAP gewesen.

Die »Ordnungszelle Bayern«

Im März 1920 war in Berlin der Lüttwitz-Kapp-Putsch gescheitert. Reichswehrangehörige, Freikorpskämpfer und Mitglieder der Deutschen Nationalen Volkspartei um den General Walther von Lüttwitz und den Generallandschaftsdirektor Wolfgang Kapp hatten versucht, die Regierung zu stürzen. Nicht zuletzt wegen eines Generalstreiks von zwölf Millionen Arbeitern und Angestellten war das Unternehmen jedoch erfolglos geblieben. In München hatte es aber zur Folge, dass der bayerische SPD-Ministerpräsident Johannes Hoffmann zurücktrat: Auch die bayerische Regierung hatte gestürzt werden sollen, allerdings waren die Putschisten nicht rechtzeitig informiert worden. Dem Münchener Polizeipräsidenten und Gustav von Kahr, zu diesem Zeitpunkt oberbayerischer Regierungspräsident, gelang es aber, den Landeskommandanten unter Druck zu setzen. Dieser schlug dem Ministerpräsidenten mit dem Hinweis auf die Ereignisse in Berlin vor, seine Machtbefugnisse an das Militär zu übertragen. Anders könne man nicht für die öffentliche Sicherheit garantieren. Hoffmann, der dieses Spiel nicht mitspielen wollte, trat daraufhin zurück. Seine Minister stimmten angesichts der Übermacht von Reichswehr und »Einwohnerwehren« für den Vorschlag und traten dann ebenfalls zurück. Zwei Tage später war Gustav von Kahr der neue bayerische Ministerpräsident. Die Zeit der »Ordnungszelle Bayern« begann.

Gustav von Kahr wollte den Konservatismus in München wieder stärken und Bayern dem Einfluss der Berliner Reichsregierung entziehen. Das lockte viele Put-

schisten nach München, unter ihnen General Erich von
Ludendorff, der gemeinsam mit Paul von Hindenburg im
zurückliegenden Weltkrieg die Oberste Heeresleitung
innehatte. Um die Verantwortung für die aussichtslose
Lage der Truppen im Oktober 1918 nicht übernehmen
zu müssen, war er einer der Begründer der Dolchstoßlegende geworden, der zufolge die Revolution in der Heimat den heldenhaft kämpfenden Soldaten in den Rücken
gefallen sei. Ludendorffs Villa im Münchener Nobelvor-
ort Prinz-Ludwigshöhe entwickelte sich zur Pilgerstätte
für Rechtsradikale. Auch der ehemalige Marinekapitän
Hermann Erhardt, nach dem in Berlin gefahndet wurde,
war auf Einladung des Polizeipräsidenten Ernst Pöhner
nach München gekommen. Mit der nach ihm benann-
ten Brigade hatte Erhardt entscheidend dazu beigetragen,
die Räterepublik niederzuschlagen. Einige Mitglieder
der Brigade traten in München der Sturmabteilung der
NSDAP bei.

Andere ehemalige Mitglieder der Brigade Erhardt
gehörten inzwischen der Organisation Consul an. Der
paramilitärische Geheimbund, den Erhardt unter der
Tarnung »Bayerische Holz-Verwertungs-G.m.b.H.« von
München aus aufbaute, hatte zeitweise 5000 Mitglieder,
die im ganzen Reich aktiv waren. »Juden und überhaupt
jeden Fremdrassigen« schloss die Organisation katego-
risch aus. Anhänger der Organisation waren für brutale
Morde an Politikern der Weimarer Republik und an angeblichen Verrätern aus den eigenen Reihen verantwortlich. Am 26. August 1921 erschossen die ehemaligen Ma-
rineoffiziere Heinrich Tillessen und Heinrich Schulz den
Zentrumspolitiker Matthias Erzberger. Erzberger hatte

im Wald von Compiègne den Waffenstillstand mit den Alliierten unterzeichnet. Als amtierender Finanzminister wurde er für die harte Sparpolitik der Anfangsjahre der Weimarer Republik verantwortlich gemacht. In ihm vereinten sich gleich zwei Feindbilder der Rechtsextremen: Als »Novemberverbrecher« war er einer derjenigen gewesen, die das deutsche Heer in den Augen der Rechtsextremen hinterrücks erdolcht hatten, als »Erfüllungspolitiker«, der die Vorgaben des Versailler Vertrags einhielt, war er für sie ein Landesverräter, der sich dem »Diktat« der Sieger unterworfen hatte. Reichspräsident Friedrich Ebert hatte nach dem Mord an Erzberger den bayerischen Ministerpräsident Gustav von Kahr aufgefordert, auch über Bayern den Ausnahmezustand zu verhängen, doch von Kahr weigerte sich und machte erneut deutlich, dass man sich von der Berliner Regierung nichts sagen lasse. Seine Machtposition war jedoch nicht gefestigt genug, sodass er im September zurücktrat. Damit war die Zeit der von ihm initiierten »Ordnungszelle Bayern« aber nicht vorbei. Militär, Polizei, Verwaltung, Justiz und paramilitärische Verbände waren weiterhin damit beschäftigt, Bayern zum Bollwerk gegen linke politische Konzepte zu machen.

Zehn Monate später, am 24. Juni 1922, erschoss eine Berliner Gruppe der Organisation Consul Außenminister Walther Rathenau, als dieser mit offenem Verdeck zum Auswärtigen Amt chauffiert wurde. Als Jude stellte Rathenau ein weiteres Feindbild rechtsradikaler und völkischer Kreise dar. In München verteilten die Nationalsozialisten während einer Kundgebung der SPD im Gedenken an den Reichsaußenminister Flugblätter, auf denen zu lesen war: »Der Rathenau ist leider tot. Es leben noch Ebert und Scheidemann.« In der Folge des Mordes eskalierte der Streit zwischen Bayern und der Reichsregierung erneut, da die rechten Kreise in München ein Gesetz zum Schutz der Republik, das die politischen Entscheidungsmöglichkeiten der Landesregierung einschränkte, ablehnten. Bei einer Großkundgebung am 16. August 1922 marschierte auch die NSDAP auf. Ihre Anhänger hatte sie in einem Rundschreiben zu einer »riesenhaften Massendemonstration« aufgerufen, um sich gegen den angeblichen »Feldzug der Lüge, Verleumdung und Gewalt« der Berliner Regierung zu wenden.

Während die NSDAP in der zweiten Hälfte des Jahres 1922 in Baden, Thüringen, Preußen, Mecklenburg-Schwerin, Hamburg und Bremen verboten worden war, konnte sie ihre Arbeit in München weitgehend ungehindert fortsetzen. Obwohl sie in Bayern und in der bayerischen Landeshauptstadt einen starken Zulauf aus allen Bevölkerungsgruppen verzeichnete, handelte es sich streng genommen um eine Regionalpartei mit versprengten lokalen Gruppierungen im Reich. Zu diesem Zeitpunkt war Hitler bereits zu einer dreimonatigen Haftstrafe wegen Landfriedensbruchs verurteilt worden, nachdem er gemeinsam mit anderen NSDAP-Mitgliedern versucht hatte, eine Versammlung des Bayernbundes zu sprengen. Nach einem Monat kam er wieder frei. Die Versuche, Hitler, eines der »beunruhigendsten« Elemente in Bayern, aus dem Deutschen Reich auszuweisen, blieben 1922 und 1923 erfolglos.

Das Jahr 1923 begann mit dem Einmarsch von 60 000 französischen und belgischen Soldaten ins Ruhrgebiet. Die Reichsregierung war zum Ende des vergangenen Jahres mit den Reparationszahlungen an Frankreich in Rückstand geraten. Empört über das Vorgehen der französischen Regierung forderten die Reichsregierung und die Landesregierungen ihre im Ruhrgebiet eingesetzten Beamten auf, die Befehle der Besatzer nicht zu befolgen. Auch die Bevölkerung wurde zu passivem Widerstand aufgerufen. Daraufhin wiesen die Besatzer weit über 100 000 Menschen aus dem Ruhrgebiet und dem Rheinland, das schon nach der Unterzeichnung des Versailler Vertrags von den Alliierten besetzt und zur entmilitarisierten Zone erklärt worden war, aus. Doch bei passivem Widerstand blieb es nicht. In manchen Gegenden brachen kriegsähnliche Zustände aus: Maschinen wurden sabotiert, Sprengstoffanschläge verübt. In dieser Situation war es zunächst einmal egal, wer politisch wo stand. Kommunisten, Sozialisten und Nationalisten arbeiteten gemeinsam gegen die Besatzer. Unter ihnen war der Weltkriegsveteran Albert Leo Schlageter, Sohn eines Bauern aus dem Schwarzwald, der der erste »Märtyrer« der Nationalsozialisten werden sollte. Als Sympathisant nationalistischer Ideen hatte er noch im Januar am Parteitag der NSDAP in München teilgenommen. Im Ruhrgebiet führte Schlageter einen Trupp an, der Eisenbahnschienen, auf denen Kohle nach Frankreich abtransportiert werden sollte, in die Luft sprengte. Er wurde von einem französischen Militärgericht wegen Sabotage zum Tod verurteilt und im Mai 1923 in Düsseldorf hingerichtet. Während er auf sein Urteil wartete, gründete die Münchener Sturmtruppe bereits die »Kompanie Schlageter«. Nach seiner Hinrichtung veranstaltete die NSDAP in München eine Gedächtnisfeier. Doch nicht nur die NSDAP instrumentalisierte Schlageters Tod: Auch Reichskanzler Wilhelm Cuno und der kommunistische Politiker Karl Radek feierten ihn als Nationalhelden und Widerstandskämpfer.

Der passive Widerstand gegen die Ruhrbesetzung hatte verheerende wirtschaftliche Folgen für das Reich. Nach der Ermordung Walther Rathenaus im Juni 1922 hatte die Mark bereits an Wert verloren. Dieser Wertverlust steigerte sich noch, da die Regierung immer mehr Geld druckte, um die Widerständler im Ruhrgebiet zu unterstützen. Gleichzeitig kam es wegen der Besetzung zu Produktionsausfällen. Die Inflation wurde zur Hyperinflation, in der ein Laib Brot 460 Milliarden Mark kosten konnte. Menschen verarmten und hungerten, angespartes Geld war nichts mehr wert. Gehälter wurden nun täglich ausgezahlt und das Geld am besten sofort in Waren umgesetzt. Die Reichsregierung gab den passiven Widerstand im Ruhrgebiet deswegen im September auf.

Im Oktober 1923 bedrohten jedoch nicht nur Inflation und Ruhrbesetzung die Republik: In Aachen erklärten Separatisten die unabhängige Rheinische Republik, die bis zum 16. November Bestand haben sollte. Ende Oktober kam es in Hamburg zu einem bewaffneten Aufstand der Kommunisten um Ernst Thälmann, den die Polizei gewaltsam beendete. Und auch Bayern kam nicht zur Ruhe. Die bayerische Staatsregierung hatte Ende September aus Protest gegen den Abbruch des Ruhrkampfes den

Ausnahmezustand erklärt. Gustav von Kahr war wieder am Zug. Als bayerischer Generalstaatskommissar hatte er diktatorische Vollmachten und stellte umgehend die bayerischen Einheiten der Reichswehr unter seine Gewalt. Reichspräsident Friedrich Ebert versuchte daraufhin, die entstehende Diktatur in Bayern zu verhindern, indem er seinerseits im ganzen Reich den Ausnahmezustand verhängte. Davon zeigte man sich in Bayern unbeeindruckt, von Kahr sah sich nicht mehr an die Verordnungen aus Berlin gebunden. Auch den Weisungen aus Berlin, den *Völkischen Beobachter* zu verbieten, widersetzte sich der bayerische Reichswehrkommandeur General Otto von Lossow. Als Ebert von Lossows Entlassung verfügte, setzte von Kahr diese nicht um.

Undercover beim Völkischen Beobachter

In dieser turbulenten Zeit beschloss der linke Journalist Leo Lania, nach Bayern zu fahren. Da seine Frau bei einem ausländischen Unternehmen angestellt war und in Dollar bezahlt wurde, war es ihm trotz der Inflation möglich, Recherchereisen zu unternehmen. 1922 hatte er seinen ersten Artikel in der *Weltbühne* veröffentlicht, über Italien und den Faschismus: Während einer innenpolitischen Krise im Oktober 1922 hatte der Führer der Nationalfaschistischen Partei, Benito Mussolini, mit einem »Marsch auf Rom« die Regierungsgewalt in Italien übernommen. Leo Lania zitierte den Faschistenführer mit den Worten: »Das alte römische Weltreich, die Hegemonie Italiens in Europa muß wieder aufgerichtet werden.«

In München hatte sich Hitler beeindruckt von Mussolinis Staatsstreich gezeigt und im »Marsch auf Rom« ein Vorbild gesehen. Gegenüber einem Mitarbeiter des Politischen Nachrichtendienstes hatte er kurz nach Mussolinis Machtübernahme erklärt: »So wird es auch bei uns sein. Wir müssen nur den Mut zur Tat haben. Ohne Kampf kein Sieg!«

Leo Lania hatte bislang über Adolf Hitler nur in der Presse gelesen: »ein antisemitischer Agitator«, »ein übler Demagoge«, »ein Narr«. Im Oktober 1923 schickte er sich an, den Führer der NSDAP persönlich in Augenschein zu nehmen. Das Problem dabei: Leo Lania war Jude und Linker. Sein Freund, der linkssozialistische Politiker und Rechtsanwalt Paul Levi, der 1919 bei der Beerdigung Rosa Luxemburgs die Trauerrede gehalten hatte, warnte ihn: »Wenn man Ihnen auf den Schwindel draufkommt, können Sie Ihr Testament machen. Das heißt, dazu werden Sie dann nicht mehr viel Zeit haben. Es sind in den letzten Monaten eine ganze Reihe von Männern und Frauen als sogenannte Verräter der Nazifeme zum Opfer gefallen, die weniger verbrochen haben.« Um Zugang zu Hitler zu bekommen, dachte sich Lania eine neue Identität aus: In München wurde er zum Sonderkorrespondenten des *Popolo d'Italia*, der faschistischen italienischen Zeitung, die Benito Mussolinis Bruder Arnaldo leitete. Als Sonderkorrespondent der römischen Faschisten würde Lania von den Nationalsozialisten sicherlich mit Freuden aufgenommen.

Als er in München ankam, ging Lania zunächst ins Königliche Hofbräuhaus und traf dort müde, verhärmte und elend gekleidete Gestalten in einem von Tabakqualm eingenebelten Saal. Zu einer dieser Gestalten setzte er sich, spendierte zwei Semmeln und kam ins Gespräch. Der Mann war Metallarbeiter und seit Wochen arbeits- und hoffnungslos. Von den Parteien wolle er nichts mehr wissen. Aber Hitler werde es schaffen, noch in diesem Winter. Das sei ein Kerl! Am nächsten Tag machte sich Lania auf den Weg zum *Völkischen Beobachter*. Das Empfehlungsschreiben der italienischen Faschisten hatte er sich selbst ausgestellt.

Die Auflage des *Völkischen Beobachters* lag inzwischen bei 30 000 Exemplaren, seit Februar erschien die Zeitung täglich. Ein Jahr zuvor, im Oktober 1922, hatte Hitler eine Denkschrift zum »Ausbau der Nationalsozialistischen Deutschen Arbeiterpartei« verfasst, in der er die Bedeutung der Zeitung für den Erfolg der Partei gar nicht hoch genug hatte hängen können:

»Der Ausbau der Propagandaorganisation bedeutet die günstigste Vorbereitung des späteren Erfolges. Was durch Papierkugeln zu gewinnen ist, braucht dereins nicht durch stählerne gewonnen werden. Was der nationalen Seite heute fehlt, ist aber in erster Linie eine Presse, die nicht nur von Mittelstand und Intelligenz gelesen wird, sondern die in volkstümlichster Auffassung den nationalen Gedanken in die ärmste Hütte hineinzutragen erscheint. Die in unermüdlicher Eifrigkeit den tagtäglichen Kampf gegen die marxistischen Lügen und Volksverhetzungen aufnimmt, in Ton und Farbe grundsätzlich auf günstige Beurteilung seitens der sogenannten Intelligenz verzichtend sich nur an die wendet, die es in erster Linie zu gewinnen gilt, den Arbeiter. Das wirksamste Kampfmittel dieser Art ist die Tageszeitung.«

In den Räumlichkeiten der Zeitung im ersten Stockwerk der Schellingstraße 39 arbeitete die Stenotypistin Paula Schlier. Sie hatte nach dem Ende ihrer Schullaufbahn 1915 freiwillig als Kriegspflegerin gearbeitet und war 1921 nach München gekommen. Die 24-Jährige wollte Journalistin werden. Doch obwohl die Weimarer Republik für Frauen neue Möglichkeiten bot und sie einem bürgerlichen Elternhaus entstammte, gestaltete es sich schwierig, ein selbstbestimmtes Leben zu führen. Ein Studium wollten ihre Eltern nicht finanzieren, stattdessen drängte ihre Mutter sie, bald zu heiraten. Also blieb sie zunächst Stenotypistin und fing beim *Völkischen Beobachter* an – am Abend schrieb sie. Das Tagebuch, das sie während dieser Zeit führte, veröffentlichte sie gemeinsam mit anderen Texten 1926 unter dem Titel »Petras Aufzeichnungen oder Konzept einer Jugend nach dem Diktat der Zeit«. Darin beschreibt sie auch ihre Motive, als pazifistisch eingestellte Frau ausgerechnet bei der Zeitung der NSDAP zu arbeiten: »Ich nahm die Stellung an, um zu erfahren, welche besonderen Eigenschaften und Fähigkeit der Menschen, auf die ein Teil des deutschen Volkes so große Hoffnungen setzte, meiner Wahrnehmung bisher verborgen geblieben sein konnten.«

Bei seinem ersten Undercoverbesuch fand Leo Lania in den Räumlichkeiten des *Völkischen Beobachters* etwa ein Dutzend junger Burschen in Uniform vor. Dass sie alle bewaffnet waren, machte ihn nervös. An der Wand hing eine große Karte Deutschlands, die die Verbände der NSDAP zeigte. Pfeile auf der Karte wiesen in Richtung Berlin. Hitler konnte er an diesem Tag nicht sprechen, aber am nächsten Tag sollte es klappen. Während er am nächsten Morgen auf den Führer der NSDAP wartete, sah er sich um. In der Nacht war in das Büro eingebrochen worden. Mehrere Pistolen und andere Waffen seien entwendet worden, teilte man Lania mit. Später hörte er Telefongespräche, in denen Waffen und Uniformen bestellt wurden. Als Hitler schließlich eintraf, war Lania enttäuscht. Er hatte eine wahrhafte Erscheinung erwartet, aber Hitler, so schildert er es in der Rückschau, war jemand, den man in Österreich an jeder Straßenecke gefunden hätte: »Nie hätte er in seiner Heimat als Agitator größere Beachtung gefunden. Dazu war er nicht originell genug.« Hitler konnte Lania nichts erzählen, was der nicht auch schon anderswo gehört hatte. Immer die gleiche Leier, die »Novemberverbrecher«, die Marxisten und die Juden seien an allem schuld. Der Führer der NSDAP war ein Kleinbürger, fand Lania: »Wie ein provinzieller Geschäftsreisender sieht er aus.«

Überhaupt schienen die Nationalsozialisten – abgesehen von ihrer Bewaffnung – keinen großen Eindruck auf Lania zu machen. Für ihren männlich-militärischen Aufzug hatte er nur Spott übrig. Der mittelgroße, schmächtige Hitler in Trenchcoat und Hut, den er in den Redaktionsräumen des *Völkischen Beobachters* traf, trug die »Uniform der abgebauten Offiziere«. Lania fiel auf, dass die Nationalsozialisten sich stark über ihre Kleidung inszenierten: »Wenn sie schon auf des ›Kaisers Rock‹ verzichten mußten, so sollte es wenigstens ein Trenchcoat sein.«

Paula Schlier machte eine andere Beobachtung. Sie beschreibt das rege Treiben in den Redaktionsräumen: Menschen, die wegen der Inflation ihre Wohnung verloren hatten, kamen vorbei, um sich zu beschweren, andere versorgten sich mit Porträtfotos von Adolf Hitler. Der füllte mittlerweile zuverlässig die Bierkeller und ließ sich in einem Mercedes Cabrio von Veranstaltung zu Veranstaltung chauffieren. Während Lania ihn als lächerlich empfand, gab es in München eine nicht unbeträchtliche Menge an Menschen, die seinen Auftritten entgegenfieberten. Das militärische Auftreten der Nationalsozialisten spielte auch dabei eine Rolle. Mit eigenen Kampfliedern, eigenen Fahnen, Symbolen wie dem Hakenkreuz und einem eigenen Gruß, den sie sich bei den italienischen Faschisten abgeguckt hatten, trafen sie den Geschmack vieler Zeitgenossen.

Beim *Völkischen Beobachter* lernte Lania alle wichtigen Nationalsozialisten kennen. Ernst Röhm machte sich ihm gegenüber über Hitlers Vegetarismus lustig, und in Rudolf Hess erkannte Lania einen fanatischen Hitlerjünger, Ernst Pöhner, der jetzt Rat am Obersten Bayerischen Landesgericht war, hielt er für gefährlich. Nach acht Tagen endete Lanias Recherchereise abrupt. Er hatte einen jungen Offizier kennengelernt, der ihm erzählte, dass die Brigade Erhardt in Thüringen einen Aufstand vorbereitete und dass Röhm in der Nähe von München geheime Waffenlager angelegt hatte. Ein vielversprechender Rechercheansatz, Lania war den Vorbereitungen zum Hitlerputsch auf der Spur. Als er seinen Informanten abends in einem Restaurant treffen wollte, erschien dieser mit zwei Ukrainern, die Lania wenige Tage zuvor in Begleitung von Ernst Röhm kennengelernt hatte. Die beiden hätten die letzten Monate in Italien verbracht, ob sie sich dort nicht begegnet seien. Lanias Tarnung drohte aufzufliegen. Als einer während des Essens eine schwere

Pistole auspackte und rief: »Marschieren – Soldaten spielen – alles ganz niedlich. Aber heute ist das Töten wichtiger«, sprang Lania auf, haspelte eine Entschuldigung und verließ das Lokal. Er lief zum Hotel zurück, stellte fest, dass sein Zimmer durchsucht worden war, und nahm den nächsten Zug nach Berlin.

Ein »Marsch auf Berlin«?

Tatsächlich hatten Hitler und Ludendorff das Jahr 1923 dazu genutzt, Putschpläne auszuarbeiten. Dem Beispiel Benito Mussolinis folgend, sahen sie einen »Marsch auf Berlin« vor, um dort die Regierung zu stürzen. Bei einer Parteiversammlung im Zirkus Krone hatte Hitler nach dem Ende des Ruhrkampfes am 5. September 1923 gegen die Regierung gewettert: »Es gibt nur zwei Möglichkeiten: entweder marschiert Berlin und endet in München, oder München marschiert und endet in Berlin!« Man werde sehen, was stärker sei: »jüdischer, internationaler Geist oder deutscher Wille«.

Doch die Nationalsozialisten waren nicht die Einzigen, die einen Staatsstreich planten. Auch Gustav von Kahr trug sich mit Gedanken an ein Vorgehen gegen die Reichsregierung. Am 6. November trafen er, Reichswehrkommandant von Lossow und der Chef der bayerischen Landespolizei, Oberst Hans von Seißer, sich mit vaterländischen Verbänden und loteten die Erfolgschancen aus. Dass sie sich nur ihrer gemeinsamen Absicht versicherten, dabei aber keine konkreten Planungen anstellten, wusste Hitler nicht – er fürchtete, man wolle ihm zuvorkommen.

Der Putsch der Nationalsozialisten war für den 11. November vorgesehen, der Tag, an dem fünf Jahre zuvor Matthias Erzberger den Waffenstillstand unterzeichnet hatte. Fast wäre der 9. November 1923 ein unbedeutendes Datum in der deutschen Geschichte geblieben. Jetzt, da Hitler glaubte, das Triumvirat plane selbst einen »Marsch auf Berlin«, musste es schneller gehen. Für den 8. November hatte von Kahr seine »Vaterländische Kundgebung« im Bürgerbräukeller angesetzt. Auf die Schnelle ließ Hitler am 7. November alle Männer mobilisieren, deren er habhaft werden konnte. Eilig wurde auch General von Ludendorff eingespannt, dessen Name allein die Unternehmung schon zum Erfolg führen sollte.

Paula Schlier war am Abend des 8. November zur Produktion einer Nachtausgabe in die Redaktion des *Völkischen Beobachters* beordert worden. Auf dem Tisch fand sie einen feuchten Zettel: »Im Bürgerbräukeller wurde soeben die deutsche Nationalregierung proklamiert! Die Regierung der Novemberverbrecher in Berlin ist für abgesetzt erklärt.« Die Redakteure um sie herum, so fand Schlier, gebärdeten sich, als seien sie verrückt geworden. Sie hatten rote Ohren, bleiche oder erhitzte Gesichter. Man feierte den »Ausbruch der Revolution«: Die Tische waren schnapsverklebt, der Redakteur Wilhelm Weiß fuchtelte mit seinem Revolver herum, andere pendelten die ganze Nacht zwischen der Redaktion und dem Bürgerbräukeller hin und her, um auf dem neuesten Stand zu bleiben. Einer diktierte Paula Schlier mit zitternder Stimme: »Deutschland erwacht aus seinem wüsten Fiebertraum, eine neue große Zeit bricht in strahlendem Glanze durch die Wolken, die Nacht lichtet sich, es wird

Tag, stolz erhebt sich wieder das Symbol deutscher Macht und Größe, der Aar!«

Im Bürgerbräukeller war man derweil geteilter Meinung. Die einen begrüßten den Putsch, andere hielten die Angelegenheit für großes Theater. Als Hitler von seinem Gespräch mit dem Triumvirat in den Saal zurückkehrte, machte er deutlich, dass es nur gegen Berlin, nicht aber gegen Polizei und Reichswehr gehen sollte. Der Berliner »Judenregierung« und den »Novemberverbrechern« müsse ein Ende gemacht werden. Anders, als Hitler es sich erhofft hatte, waren weder von Kahr noch von Lossow oder von Seißer für seinen Putsch zu begeistern – nur die körperliche Bedrohung ließ sie einlenken.

Vor dem Münchener Rathaus hatte an diesem Abend die Sekretärin einer bayerischen Landtagsabgeordneten zufällig ein Gespräch von zwei NSDAP-Anhängern mitgehört, die sich über den unmittelbar bevorstehenden Putsch unterhielten. Sie informierte ihre Chefin, die daraufhin Landtagsabgeordnete und den stellvertretenden Ministerpräsidenten zusammenrief, um Gegenmaßnahmen einzuleiten. Letzterer erklärte noch am Abend den Fortbestand der Regierung, forderte alle Beamten, die Polizei und die Angehörigen der in Bayern stationierten Reichswehr dazu auf, ihrer verfassungsgemäßen Regierung treu zu bleiben sowie den Revolutionären den Dienst zu versagen: »Wer dem entgegen handelt, wird als Hochverräter behandelt.« Der stellvertretende Ministerpräsident und die zwei Minister, die den Aufruf unterzeichnet hatten, fuhren noch in der Nacht nach Regensburg, um nicht in die Hände der Nationalsozialisten zu fallen – die den Ministerpräsidenten inzwischen im Bürgerbräukeller festhielten.

Das Triumvirat befand sich mittlerweile in der Obhut des Generals von Ludendorff. Hitler hatte das Wirtshaus verlassen, da es bei der Besetzung der Kasernen Probleme gab. Der Plan, alle Münchener Standorte der Reichswehr einzunehmen, war inzwischen gescheitert, Ernst Röhm hatte lediglich das Wehrkreiskommando an der Ludwig-straße in seine Gewalt bringen können. Als Hitler in den Bürgerbräukeller zurückkehrte, musste er feststellen, dass Ludendorff von Kahr, von Lossow und von Seißer hatte gehen lassen, nachdem sie ihm ihr Ehrenwort gegeben hatten, den Putsch weiter zu unterstützen. Was sie nicht taten. Von Lossow und von Seißer zogen umgehend Ver-stärkung zusammen und koordinierten die Militär- und Polizeistandorte. Auch von Kahr, der kurzfristig davon überzeugt gewesen war, durch Hitlers Putsch die Mo-narchie in Bayern restaurieren zu können, distanzierte sich nun. Noch in der Nacht ging ein Funktelegramm heraus: »An alle deutschen Funkstationen: Generalstaatskom-missar von Kahr, General von Lossow und Oberst von Seißer lehnen den Hitlerputsch ab. Die mit Waffenge-walt erpreßte Stellungnahme im Bürgerbräuhaus ist un-gültig.« Die Besucher der »Vaterländischen Kundgebung« hatten den Bürgerbräukeller am späten Abend ebenfalls verlassen dürfen, sofern sie keine hohen Ministerialbe-amten, Mitglieder der bayerischen Regierung, »sozialisti-sche oder kommunistische Persönlichkeiten« oder Juden waren. Diese wurden weiter als Geiseln festgehalten. Die ganze Nacht über zogen SA-Trupps durch die Stadt. Sie verhafteten weitere hohe Beamte, zerstörten die Räum-lichkeiten der sozialdemokratischen Zeitung *Münchener Post*, suchten nach Jüdinnen und Juden und zerstörten deren Wohnungen. In der Redaktion des *Völkischen Beobachters* liefen indes Berichte über die Vorgänge im Bürgerbräukeller, im Regierungsgebäude und in den Straßen ein. Paula Schlier beobachtete, wie Parteigenossen mit dem Auto vorfuhren und über ihre Erlebnisse sprachen. Sie selber war von der Euphorie der Nacht nicht mitgerissen: »Ich wußte, daß vom Bürgerbräukeller aus keine Revolution zu machen sei, und sprach das auch zu Fräulein D. aus, die mit mir Dienst hatte. Zugleich aber war in mir eine große Angst, es werde nun die nationalsozialistische Armee in Bewegung gesetzt werden, um gegen den Norden, gegen die Sozialisten, gegen die Menschen der anderen Überzeugung vorzugehen.«

Der Putsch scheitert

Im Laufe der Nacht wurde auch Hitler bewusst, dass sein Unternehmen kaum noch Aussicht auf Erfolg hatte, mehrfach sprach er von Suizid. Nun war es an Ludendorff, der, wenn schon nicht nach Berlin, wenigstens marschieren wollte. Am nächsten Tag zogen etwa 2000 Männer verkatert und bewaffnet vom Bürgerbräukeller in Richtung der Feldherrnhalle im Stadtzentrum. Begleitet wurde der Marsch durch den Schneeregen von einer Blasmusikkapelle. An der Ludwigsbrücke traf man auf die bayerische Landespolizei, die den Demonstranten zahlenmäßig unterlegen war. Als die Putschisten mit ihren Gewehrkolben auf die Polizisten einschlugen, riss die Polizeikette, und der Marsch konnte weiter in Richtung Innenstadt vordringen. Am Rathaus hatten SA-Männer bereits eine

Hakenkreuzfahne gehisst, nachdem sie den SPD-Bürgermeister Eduard Schmid und einige Stadträte verhaftet hatten. Vom Marienplatz aus marschierte die Menge weiter Richtung Schönfeldstraße, wo sie zu Ernst Röhm gelangen wollte, der von der Reichswehr eingekesselt im Wehrkreiskommando festsaß. An der Feldherrnhalle wartete auf die Marschierenden allerdings die Landespolizei mit einem Panzerwagen. Als plötzlich ein Schuss fiel, dessen Urheber später nie ermittelt werden konnte, eskalierte die Situation. Im Kugelhagel wurde Hermann Göring in die Leistengegend getroffen. Auf Hitler, der zu Boden gegangen war und sich dabei die Schulter ausgekugelt hatte, warf sich sein Leibwächter Ulrich Graf, den elf Kugeln durchsiebten. Nachdem der Schusswechsel vorüber war, schleppte Hitler sich in eine Seitengasse, wo er auf den SA-Arzt Dr. Schultze traf, mit dem er aus der Stadt floh. Hermann Göring wurde in ein nahe gelegenes Haus getragen, wo das jüdische Ehepaar Robert und Bella Ballin ihm Erste Hilfe leistete. Im Anschluss flüchtete Göring nach Österreich und kehrte erst 1925 nach einer Generalamnestie durch den Reichspräsidenten von Hindenburg nach Deutschland zurück. 15 Putschisten, vier Polizisten und ein unbeteiligter Oberkellner kamen in der Schießerei ums Leben. In der Redaktion des *Völkischen Beobachters* erfuhr Paula Schlier um drei Uhr nachmittags vom Scheitern des Putsches. Ständig riefen Frauen in der Redaktion an und weinten um ihre Söhne, Brüder oder Gatten. Als Paula Schlier am Abend den amtlichen Bericht las, war sie aufgewühlt: »Der eine oder andere der Gefallenen war gestern noch hier gewesen, hatte sich als Held gefühlt und mit dem Revolver gefuchtelt.«

Hitler hielt sich unterdessen im 50 Kilometer entfernten Uffing am Staffelsee auf, wo er im Haus seines Parteifreundes Ernst Sedgwick Hanfstaengl untergekommen war. Am 11. November wurde er dort festgenommen. Hitler habe in weißem Schlafanzuge im Zimmer gestanden, vermerkte das Festnahmeprotokoll, sein Arm sei in einer Binde gewesen. Er habe sich widerstandslos abführen lassen.

Der Hitlerprozess und eine unbezahlte Rechnung

Das Scheitern des Putsches bedeutete, dass »nationale Revolutionen« im Deutschen Reich für die äußerste Rechte keine Handlungsoption mehr waren. Keiner der Versuche, die sie in den vergangenen Jahren unternommen hatte, war erfolgreich gewesen. Zum Ende des Jahres 1923 konnte man fast zuversichtlich in die Zukunft blicken. Die Turbulenzen des Herbstes hatte die junge Republik allesamt überstanden, im November war mit der Rentenmark eine neue Währung eingeführt worden, und mit dem Dawes-Plan wurde sichergestellt, dass die Reparationszahlungen deren Stabilität nicht gefährdeten. Das Programm wurde im August 1924 vom Reichstag angenommen und verhalf der Weimarer Republik durch ausländische Kredite und Investitionen zu einem wirtschaftlichen Aufschwung. Gustav von Kahr legte im Februar 1924 all seine politischen Ämter nieder. Bayern und das Reich näherten sich wieder an. Mit dem Abzug der Franzosen und Belgier endete am 3. September 1924 die Ruhrbesatzung.

Die NSDAP blieb bis 1925 verboten, von Kahr hatte sie

noch am 9. November 1923 für aufgelöst erklärt und ihr Vermögen beschlagnahmt. Auch nach ihrer Neugründung, die am 27. Februar 1925 im Festsaal des Bürgerbräukellers stattfand, hatte die Partei Schwierigkeiten, wieder Fuß zu fassen. Hitler hatte in Bayern bis 1927 Redeverbot. Erst ab 1929 sollte die Partei in der beginnenden Weltwirtschaftskrise wieder politisches Gewicht erlangen.

Im Februar 1924 wurde Hitler wegen Hochverrats angeklagt. Die Zeit zwischen seiner Verhaftung und dem Beginn des Prozesses verbrachte er in Zelle 7 der Festung Landsberg. Ein anderer Bewohner musste dafür umziehen: Anton Graf von Arco-Valley, der Mörder Kurt Eisners. Er war in seinem Mordprozess zunächst zum Tode verurteilt worden. Die Strafe war schon einen Tag später in eine lebenslange Festungshaft umgewandelt worden, von der er nur fünf Jahre absitzen musste.

Hitler wurde in seinem Prozess lediglich zur Mindeststrafe von fünf Jahren und zur Zahlung von 200 Goldmark verurteilt. Das Gericht berücksichtigte weder, dass er schon einmal wegen Landfriedensbruchs verurteilt worden war, noch, dass man ihn als Ausländer, der er als österreichischer Staatsangehöriger war, eigentlich zwingend hätte abschieben müssen. Seinem Mitverschwörer Erich von Ludendorff glaubte das Gericht, dass er von Hitlers eigentlichem Plan nichts gewusst habe. Er wurde freigesprochen. Auch die anderen Angeklagten kamen glimpflich davon. Eine Revision war nicht möglich, da das Volksgericht in Bayern die erste und die letzte juristische Instanz war. Das Gericht erkannte in seinem Urteil sogar an, dass die Angeklagten beim Putschversuch »von rein vaterländischem Geist und dem edelsten selbstlosen

Willen geleitet« gewesen seien. In der Haft, die Hitler am
1. April 1924 antrat, schrieb er »Mein Kampf«, das sein
politisch-ideologisches Programm werden sollte. Etwas
mehr als ein Jahr nach seinem Putschversuch wurde er
am 20. Dezember 1924 wegen guter Führung aus der Haft
entlassen, zusammen mit der Untersuchungshaft hatte er
neun Monate verbüßt.

Leo Lania war als Prozessbeobachter wieder nach
München gekommen. Er schrieb über den Ausgang des
Prozesses: »Aus der Gegenüberstellung des Urteils und
der gesetzlichen Bestimmungen die entsprechenden
Schlüsse zu ziehen, muß man sich ebenso versagen, wie
die Gegenüberstellung des Urteils im Hitlerprozeß mit
den Schreckensurteilen, die gegen links gefällt worden
sind. (…) Mit diesem stolzen Richterspruch findet die
Justizkomödie des Hitler-Prozesses erst ihren einzig wür-
digen Epilog.« Lania spielte dabei auf eine Untersuchung
des Statistikers Emil Julius Gumbel an. Dieser hatte 1923
nachgewiesen, dass rechte politische Straftäter bei denselben Delikten viel geringere Strafen erhielten als linke.
Auf 354 verübte Morde von rechtsextremer kamen 22 von
linksextremer Seite. Bei linken Morden verhängten die
Gerichte zehn Todesurteile oder 15 Jahre pro Mord, während es bei rechten Morden im Durchschnitt vier Monate
waren.

Leo Lania verließ Deutschland 1932 in Richtung Prag,
floh von dort nach Österreich und dann weiter nach
Frankreich. 1940 emigrierte er mit seiner Frau und seinem
Sohn über Spanien und Portugal in die USA und kehrte
in den 1950er-Jahren nach München zurück, wo er unter
anderem als Ghostwriter mit Willy Brandt an dessen

Autobiografie arbeitete. Er starb genau 38 Jahre nach dem Hitlerputsch am 9. November 1961 in München.

Paula Schlier verlor ihren Arbeitsplatz beim *Völkischen Beobachter* bald nach dem Putsch, da die Zeitung verboten worden war. Der *Völkische Beobachter,* der nach der Neugründung der Partei 1925 wieder erscheinen konnte, rezensierte ihr 1926 erschienenes Buch unter anderem so: »Ihr Vater ist Arzt, wenn ich nicht irre; er muß sich Ihrer annehmen. Ich glaube, es liegt bei Ihnen ein Fall von Psychopathie Sexualis vor.« Solange sie bloß eine Schreibkraft war, hatte Schlier sich sicher sein können, dass sich die Nationalsozialisten nicht für sie interessierten. Mit der Veröffentlichung des Buches war die Partei auf sie aufmerksam geworden, überzog sie in der Rezension mit sexistischen Beleidigungen und beschimpfte sie als »unverstandene Tippmamsell«. Paula Schlier wurde 1942 von der Geheimen Staatspolizei (Gestapo) verhaftet, sie überlebte den Zweiten Weltkrieg und starb 1977.

1933, im Jahr der Machtübernahme der Nationalsozialisten, enthüllte Adolf Hitler am 9. November an der Ostseite der Feldherrnhalle das Mahnmal für die »16 Gefallenen« des Hitlerputsches. Ab diesem Datum waren alle Passierenden dazu verpflichtet, dort den Hitlergruß zu zeigen. Das Mahnmal wurde 1945 entfernt, heute erinnert eine Bronzetafel an die vier Polizisten, die 1923 beim Putsch getötet wurden.

Einer blieb auf seinen Kosten sitzen: Korbinian Reindl, der Wirt des Bürgerbräukellers, stellte der NSDAP 11 347 000 Mark in Rechnung – für die Getränke und Speisen, die in der Nacht vom 8. auf den 9. November verzehrt worden waren. Für »Herrn Hittler« wurden eigens die Kosten für einen Glühwein, zwei Eier, eine Portion Tee, zwei Brote und einen Leberkäs berechnet. Es waren 143 Maßkrüge, 80 Gläser, 98 Stühle und zwei Musikständer zu Bruch gegangen. 148 Bestecke blieben verschwunden. Die Rechnung wurde nie bezahlt.

Zum Weiterlesen

David Clay Large: Hitlers München. Aufstieg und Fall der Hauptstadt der Bewegung, 1., und um ein Kapitel erweiterte Auflage, München 2018.

Der Aufstieg der NSDAP in Augenzeugenberichten, hg. v. Ernst Deuerlein, Düsseldorf 1968.

Leo Lania: Der Hitler-Ludendorff-Prozeß, in: Schreibheft. Zeitschrift für Literatur, 87 (2016), S. 147–198.

Leo Lania: Meine Begegnungen mit Hitler. Als Mussolinis Verbindungsmann in München, in: Schreibheft. Zeitschrift für Literatur, 87 (2016), S. 137–145.

Paula Schlier: Petras Aufzeichnungen oder Konzept einer Jugend nach dem Diktat der Zeit, Salzburg/Wien 2018.

»Ein Tag des Terrors, der sogar
alles übertrifft, was im Dritten Reich
bislang geschehen ist.«

Die Reichspogromnacht
am 9. November 1938

Um drei Uhr nachts schreckten der 62-jährige Anwalt
Rudolf Bing und seine Frau Gertrud in Nürnberg aus
dem Schlaf. Vor dem Haus brüllte jemand »Aufmachen,
sofort aufmachen«, und in allen Wohnungen des Hauses am Maxtorgraben 25 wurde Sturm geklingelt. Rudolf
Bing rief im Polizeipräsidium an und meldete, dass ein
»Pöbelhaufen« versuche, in sein Haus einzudringen. Die
Frau, die seinen Anruf entgegennahm, fragte ihn, ob er
arisch sei. Bing verneinte, woraufhin am anderen Ende
der Leitung eingehängt wurde. Während der Menschen-
pulk vor dem Haus damit begann, die Haustür mit Äxten
zu bearbeiten, verriegelten seine Frau und er ihre Wohnung. Als sie hörten, wie ihr ebenfalls jüdischer Nachbar
misshandelt wurde, banden sie Leinentücher zusammen,
warfen eine Matratze aus dem Fenster und sprangen –
noch in ihren Schlafanzügen – aus dem ersten Stock,
während der Trupp, wie sie noch auf der Straße hören
konnten, im Haus weiter wütete. Nachdem sie sich über
Nacht frierend in einem Schuppen unter dort lagernden
Weihnachtsbäumen versteckt hatten, trauten sie sich am

nächsten Morgen erst wieder in ihre Wohnung, als ihnen Freunde versicherten, dass die NS-Schergen weg seien. Ihre Wohnung war zerstört. Ihre Möbel waren nur noch Trümmer, die Polstermöbel aufgerissen, das Geschirr zerschlagen. Die wertvollen Ölgemälde, auf die Rudolf Bing besonders stolz war, hatte der wütende Mob zerschnitten. Auch seine Kanzlei war verwüstet worden, wie Rudolf Bing später herausfand. Für einen Aufruf der Universität Harvard schrieb er später auf, was er in dieser Nacht erlebt hatte. Überall im Deutschen Reich hatten sich in der Nacht vom 9. auf den 10. November 1938 ähnliche Szenen abgespielt.

»Daß so etwas im 20. Jahrhundert möglich ist!«

Die Reichspogromnacht war ein vorläufiger Höhepunkt antisemitischer Verfolgung in Deutschland. Schon in der Weimarer Republik war es zu Gewalttaten durch Trupps der NSDAP gegen Jüdinnen und Juden gekommen, hatte es Boykottaufrufe gegen jüdische Geschäfte von unterschiedlichen Seiten gegeben. Und nicht nur die NSDAP hatte das Feindbild der »Juden« zu einem zentralen Teil ihrer Propaganda gemacht. Rechte Kreise begriffen die Republik als »jüdisch«, indem sie ihre Repräsentanten zu Juden oder »Judengenossen« erklärten.

Mit der Machtübernahme der NSDAP in Deutschland war Antisemitismus zu einem Kernbestandteil staatlichen Handelns geworden. Die gezielte Ausgrenzung jüdischer Deutscher begann unmittelbar, nachdem Adolf Hitler am 30. Januar 1933 Reichskanzler geworden war.

Auch gegen andere Gruppen ging man vor: In »wilden Konzentrationslagern«, die rasch nach der Machtübernahme provisorisch eingerichtet worden waren, wurden bis zu 200 000 Regimegegner in »Schutzhaft« genommen. In Folterkellern, die meist weder Toiletten, Heizungen oder Waschmöglichkeiten hatten, wurden sie von Mitgliedern der Sturmabteilung (SA) und der Schutzstaffel (SS) der NSDAP auf das Brutalste erniedrigt. Mit Peitschenhieben, Knüppeln und Stöcken wurde auf die Insassen eingeprügelt, man misshandelte sie psychisch, körperlich, sexuell. Unter den Häftlingen dieser frühen Konzentrationslager befand sich Erich Mühsam, der einer der Anführer der Münchener Räterepublik gewesen war. Ende Februar 1933 wurde er frühmorgens aus seiner Wohnung verhaftet. Der jüdische Schriftsteller und Anarchist wurde 16 Monate lang in unterschiedlichen Lagern gequält und geschlagen. Am 10. Juli 1934 ermordeten ihn SS-Angehörige im Konzentrationslager Oranienburg.

1933 hatte das »Zentral-Komitee zur Abwehr der jüdischen Greuel- und Boykotthetze« für den 1. April zu einem reichsweiten Boykott jüdischer Geschäfte, Ärzte und Rechtsanwälte aufgerufen, SA und SS hinderten die Bevölkerung daran, jüdische Geschäfte zu betreten. Aber dabei blieb es nicht, zahlreiche Geschäfte wurden geplündert, die Fensterscheiben zerschlagen und die Inhaber angegriffen. Die Berliner Ärztin Hertha Nathorff schrieb in ihr Tagebuch: »Daß so etwas im 20. Jahrhundert möglich ist!« Sie hatte auf den Berliner Straßen »junge Bürschchen in Uniform« gesehen, die Schilder mit Sätzen wie »Wer beim Juden kauft, der ist ein Volksverräter« oder »Der Jude ist die Inkarnation des Betruges« trugen.

Hertha Nathorff, die selbst Jüdin war, wunderte sich, dass ihre Praxis nicht Ziel des Boykotts geworden war. Die 37-Jährige lebte mit ihrem Mann und ihrem Sohn in der Spichernstraße 15 im Viertel Wilmersdorf. Vom Hitlerputsch in München hatte sie 1923 gehört, aber es hatte sie wenig gekümmert. Sie hatte bei ihrer Arbeit als leitende Ärztin in einem Entbindungs- und Säuglingsheim genug zu tun. Doch als die NSDAP 1928 zwölf Sitze im Reichstag bekam, begann sie anders zu denken.

Sieben Tage nach dem reichsweiten Boykottaufruf gegen jüdische Geschäfte wurde ein Gesetz erlassen, das es ermöglichte, jüdische, aber auch politisch missliebige Beamte zu entlassen. Es gab Diffamierungen und Repressalien durch den Staat sowie Denunziationen von Nachbarn oder Bekannten. Im Frühjahr 1935 kam es zu besonders heftigen Ausschreitungen auf offener Straße. Kunden jüdischer Geschäfte wurden fotografiert, Fensterscheiben demoliert.

In jenem Jahr wurden der Ausschluss von Juden aus der Gesellschaft und der Antisemitismus von Staatsseite weiter vorangetrieben. Die Nürnberger Gesetze traten in Kraft. Mit dem »Gesetz zum Schutze des deutschen Blutes und der deutschen Ehre« waren Ehen und außerehelicher Geschlechtsverkehr zwischen Nichtjuden und Juden verboten. In der Folge wurden zahlreiche Menschen der »Rassenschande« bezichtigt. Juden durften weibliche nichtjüdische deutsche Staatsangehörige unter 45 Jahren nicht mehr beschäftigen und auch das Hissen der Reichs- und Nationalflagge war ihnen verboten. Mit dem Reichsbürgergesetz wurde festgelegt, wer für den Staat als jüdisch galt: »Volljude« war, wer mindestens drei jüdische Großeltern hatte. Danach folgten Abstufungen in »jüdischer Mischling«, »Halbjude« und »Vierteljude«, die jeweils von der Religionszugehörigkeit der vier Großeltern abhingen. Die Verordnung räumte die Möglichkeit ein, durch Adolf Hitler persönlich von dieser »Rassezugehörigkeit« »befreit« zu werden. Wer Jude war und wer nicht, konnten also die Machthaber bestimmen. Im Zuge der »Rassegesetze« mussten ab 1935 alle Bürger des Deutschen Reiches nachweisen, dass sie »Arier« waren beziehungsweise dass sie keine jüdischen Vorfahren hatten. Deutsche Jüdinnen und Juden waren von nun an nur noch Staatsangehörige des Deutschen Reiches, keine Reichsbürger mehr und durften nicht mehr an den Wahlen teilnehmen. Diese Forderung hatte die NSDAP schon am 24. Februar 1920 in ihr 25-Punkte-Programm aufgenommen. Auch die Presse, die 1933 »gleichgeschaltet« wurde, war ein wichtiges Instrument des staatlichen Antisemitismus. Im Hetzblatt *Der Stürmer* war er besonders offensichtlich. Es gab keine Ausgabe, in der nicht die Karikatur eines »hakennasigen« und »gefährlichen« Juden abgebildet war. »Die Juden sind unser Unglück«, ein Zitat des Historikers Heinrich von Treitschke, prangte auf jedem Titelblatt der Zeitung. Die Zeitung, die in Schaukästen überall im Land ausgestellt wurde, bestand aus Skandalgeschichten über die Vergewaltigung der »arischen Frau« durch jüdische Männer, angebliche jüdische Ritualmorde oder sonstige »jüdische« Verbrechen. Die Zeitschrift versammelte sämtliche antisemitische Stereotypen und Mythen, die zum Teil jahrhundertealt waren.

1938 war von der anfänglichen Wut Hertha Nathorffs über die neuen Machthaber nicht mehr viel übrig geblieben, stattdessen zeugen ihre Tagebucheinträge von Verzweiflung und Resignation. Mit der 4. Verordnung zum Reichsbürgergesetz am 30. September 1938 hatte sie die Erlaubnis verloren, als Ärztin zu arbeiten. Nur noch wenige jüdische Ärzte – darunter ihr Mann Erich – konnten noch praktizieren, sie durften allerdings nur jüdische Patienten behandeln. Sich »Arzt« zu nennen wurde ihnen verboten, sie waren nun »Krankenbehandler«. Viele von ihnen sahen in Deutschland keine Zukunft mehr. In der *Central-Verein-Zeitung,* der größten jüdischen Wochenzeitung in Deutschland, nahm man Anfang November 1938 Abschied von den Mitarbeitern, die in die USA auswanderten. Die Anzeigenseiten der Zeitung waren gefüllt mit Angeboten wegen Geschäftsaufgabe und solchen, die speziell an Auswanderer gerichtet waren. In der Rubrik »Grundstück- und Geldmarkt« suchten »Besitzwechsel-Vermittler« nach Fabriken überall im Reich, vorzugsweise »Unternehmen großen Formats aller Branchen«. Am 2. November schrieb Hertha Nathorff: »Ich esse nicht, ich schlafe nicht, ich habe immer das Gefühl von Sterben und Untergang, mir fehlt mein Beruf, daran gehe ich zugrunde. (…) ich habe mich noch nie gegen ein Gesetz vergangen – vielleicht nur gegen das der Selbsterhaltung, daß ich in diesem Lande blieb. Aber auf so viel Grausamkeit und Rohheit war ich nicht gefaßt.«

Einen Tag nachdem Hertha Nathorff im November 1938 ihre aussichtslose Lage in ihrem Tagebuch festgehalten hatte, bekam ein 17-jähriger Jude in Paris eine Post-karte von seiner Schwester:

Lieber Hermann!
Du hast gewiß von unserem großen Unglück gehört. Ich
schreibe Dir, was passiert ist. Donnerstag waren Gerüchte
im Umlauf, daß alle polnischen Juden einer Stadt ausge-
wiesen worden waren. Dennoch sträubten wir uns, das zu
glauben. Am Donnerstagabend um 9 Uhr ist ein Schupo
zu uns gekommen und hat uns erklärt, daß wir uns unter
Mitnahme der Pässe zum Polizeirevier begeben sollten. So
wie wir waren, sind wir alle zusammen in Begleitung
des Schupos zum Polizeirevier gegangen. Dort fand sich
schon fast unser ganzes Stadtviertel zusammen. Ein Poli-
zeiauto hat uns sofort zum Rathaus gebracht. Alle sind
dort hingebracht worden. Man hat uns noch nicht gesagt,
um was es sich handelte. Aber wir haben gesehen, daß es
mit uns aus war. Man hat jedem von uns einen Auswei-
sungsbefehl in die Hand gesteckt. Man sollte Deutschland
vor dem 29. verlassen. Man hat uns nicht erlaubt, wieder
nach Hause zu gehen. Ich habe gebettelt, daß man mich
nach Hause gehen ließe, um wenigstens einige Sachen zu
holen. Ich bin dann in Begleitung eines Schupos fortge-
gangen und habe die notwendigsten Kleidungsstücke in
einen Koffer gepackt. Das ist alles, was ich gerettet habe.
Wir haben keinen Pfennig. Fortsetzung nächstes Mal.
Herzliche Grüße und Küsse von uns allen
Berta, Zbaszyii 2, Baracke Grynszpan

Berta Grynszpan war eine von etwa 17 000 polnischstäm-migen Jüdinnen und Juden, die in der Zeit vom 27. bis zum 29. Oktober 1938 aus dem Deutschen Reich ausgewiesen wurden. Ende März hatte die polnische Regierung verfügt, dass Bürgern, die länger als fünf Jahre im Ausland lebten, die Staatsbürgerschaft entzogen werde. Dies wurde im Oktober noch verschärft: Wer bis zum 30. Oktober seinen Pass nicht in einem polnischen Konsulat verlängern ließ, wurde staatenlos. Handelte es sich aber um Jüdinnen und Juden, so wurde ihnen die Verlängerung ihres Passes generell verweigert. Die deutsche Regierung reagierte auf diese Ankündigung mit der Ausweisung polnischer Jüdinnen und Juden aus dem Reich. Diese Abschiebungen trafen die Menschen unvorbereitet. In Hamburg zum Beispiel wurden 1000 Jüdinnen und Juden im Gefängnis und in einer bewachten Turnhalle interniert, die sie bis zu ihrem Transport an die polnische Grenze nicht mehr verlassen durften. Sie hatten keine Möglichkeit, ihren Hausstand aufzulösen oder sich von Bekannten zu verabschieden. Die »Polenaktion« wurde von den deutschen Behörden überall unterschiedlich gehandhabt, sodass zum Teil ganze Familien, manchmal aber auch nur Männer über 18 Jahren abgeschoben wurden.

Unter den Ausgewiesenen war auch Marcel Reich-Ranicki, der am Morgen des 28. Oktober 1938 von einem Polizeibeamten in seinem Zimmer in Berlin-Charlottenburg mit dem Ausweisungsbefehl geweckt wurde. In seiner Autobiografie beschreibt er, wie er hastig seine Aktentasche, fünf Mark – mehr war nicht erlaubt – und Honoré de Balzacs »Die Frau von dreißig Jahren« mitnahm. Am Nachmittag wurde er vom Schlesischen Bahnhof aus zusammen mit Hunderten anderen jüdischen Berlinern zur polnischen Grenze deportiert. Im

Zug, dicht gedrängt mit anderen Ausgewiesenen, fragte sich Reich-Ranicki, was er in Polen anfangen sollte. Er war zwar dort geboren, hatte jedoch die deutsche Schule besucht und war im Alter von neun Jahren zu Verwandten nach Berlin geschickt worden. Polnisch verstand er, konnte es aber kaum sprechen. Er hatte gerade in Deutschland sein Abitur gemacht und sah keine Chance, in Polen einen Beruf zu finden.

Berta Grynzspan wurde an dem Tag, an dem Reich-Ranicki deportiert wurde, in Hannover gemeinsam mit ihren Eltern und ihrem Bruder Markus von der Gestapo zusammen mit 480 weiteren polnischen Jüdinnen und Juden in zwei Säle der Gaststätte »Rusthaus« gebracht. Ihr Vater Zindel Schmuel Grynszpan erinnerte sich 1961 als Zeuge beim Prozess gegen Adolf Eichmann in Jerusalem: »Die Polizei sagte uns, dass wir bald zurückkehren würden und nichts mitzunehmen brauchten, nur unsere Pässe.« Einen Tag später wurden die Grynzspans mit einem Zug nach Neu-Bentschen gebracht, von dort mussten sie zu Fuß die sieben Kilometer bis zur polnischen Grenze gehen. Doch die Grenzposten verweigerten ihnen die Einreise. So saßen am 28. und 29. Oktober 1938 Tausende Menschen ohne Versorgung und Obdach im Niemandsland zwischen Polen und Deutschland fest. Nachdem Polen am 29. Oktober damit begonnen hatte, deutsche Jüdinnen und Juden, die in Polen lebten, zur Reichsgrenze zu bringen, wurde die Aktion am selben Tag eingestellt. Diejenigen, die sich bereits auf polnischem Staatsgebiet befanden, blieben dort, die, die sich noch an der Grenze aufhielten, mussten nach Deutschland zurückkehren.

Die Postkarte, die Berta aus der Baracke in Polen geschickt hatte, erreichte ihren Bruder Hermann, genannt Herschel, bei seinem Onkel Abraham und seiner Tante Chana in Paris. Dort hielt er sich versteckt, denn er war illegal eingereist, und das französische Innenministerium hatte ihn bereits im Juli des Landes verwiesen. Im Jahr zuvor hatte er bei der Deutschen Botschaft um die Erlaubnis gebeten, wieder nach Deutschland einreisen zu dürfen, der Polizeipräsident von Hannover hatte dies aber abgelehnt. Sein Vater hatte ebenfalls versucht, Herschel wieder nach Hannover zu holen, doch auch dieser Antrag war abgewiesen worden. Die Postkarte machte Herschel wütend. Später erklärte er der französischen Polizei, dass er wegen Bertas Zeilen beschlossen habe, die Juden zu rächen und die Aufmerksamkeit der Welt auf die Vorgänge in Deutschland zu lenken.

Am Morgen des 7. November 1938 kaufte er in der Rue du Faubourg Saint-Martin in Paris beim Waffenhändler Carpe einen Trommelrevolver. Die Nacht hatte er unter dem Namen Heinrich Halter im Hotel Suez am Boulevard Strasbourg 17 verbracht. Im gegenüberliegenden Lokal »Tout va bien« ging er auf die Toilette und lud die Waffe. Grynszpan fuhr weiter zur Deutschen Botschaft in der Rue de Lille, wo er dem Pförtner erklärte, er müsse ein wichtiges Dokument vorlegen. Weil sich der zuständige Gesandtschaftssekretär verspätet hatte, wurde Herschel Grynszpan zum Militärattaché Ernst vom Rath geführt. In dessen Amtszimmer ging alles sehr schnell: Grynszpan zog seinen Revolver und schoss mehrmals auf den vor ihm sitzenden vom Rath. Die Schüsse trafen dessen Schulter und gingen durch die Milz, schwer verletzt wurde er ins Krankenhaus gebracht. Der Attentäter Grynszpan ließ sich widerstandslos festnehmen.

Ein »guter Anlass«

In Berlin zögerte die Regierung nach dem Eingang der Nachricht aus Paris. Auf einer Pressekonferenz am selben Tag wurden Journalisten angewiesen, eine Pressemeldung abzuwarten. Propagandaminister Joseph Goebbels musste erst die Reaktion der NS-Führung abklären, denn die Schüsse auf vom Rath erinnerten an ein Attentat, das zwei Jahre zuvor stattgefunden hatte: Im Februar 1936 hatte der jüdische Student David Frankfurter den NS-Landesgruppenleiter in der Schweiz, Wilhelm Gustloff, in dessen Wohnung in Davos erschossen. Im Vorfeld der Olympischen Winterspiele 1936 in Garmisch-Partenkirchen und des Einmarsches in das Rheinland war man jedoch darauf bedacht gewesen, keine weiteren außenpolitischen Konflikte zu schaffen. Wilhelm Frick, Reichsminister des Inneren, hatte diesbezüglich eine Weisung herausgegeben: »Ich ordne im Einvernehmen mit dem Stellvertreter des Führers Rudolf Hess an, dass Einzelaktionen gegen Juden aus Anlass der Ermordung des Leiters der Landesgruppe Schweiz der NSDAP Wilhelm Gustloff in Davos unbedingt zu unterbleiben haben. Ich ersuche gegen etwaige Aktionen vorzugehen und die öffentliche Sicherheit und Ordnung aufrecht zu erhalten.«

1938 sah die politische Wetterlage anders aus. Nachdem es in den vergangenen Monaten aus dem Ausland nur wenig Protest gegen das Vorgehen der Nationalsozialisten gegeben hatte, musste man weniger Rücksicht nehmen: Bei der Annexion Österreichs im März war es wieder vermehrt zu Maßnahmen gegen Juden im nun »Großdeutschland« genannten Reich gekommen, und im Juni 1938 waren zahlreiche Juden verhaftet und in Konzentrationslager verschleppt worden. In den folgenden Monaten wurden in München, Kaiserslautern, Nürnberg und Dortmund die bedeutendsten Synagogen abgerissen. Und auch die außenpolitischen Maßnahmen hatten keine Sanktionen anderer Staaten hervorgerufen. Weil der britische Premierminister Neville Chamberlain glaubte, den Frieden in Europa auf diese Weise langfristig sichern zu können, hatte er nach Verhandlungen schließlich auch akzeptiert, dass das Sudetengebiet, das seit dem Ende des Ersten Weltkriegs zur Tschechoslowakei gehörte, an das Deutsche Reich abgetreten wurde.

Im November 1938 schien das außenpolitische Risiko also überschaubar zu sein. Die Tat in Paris bot für Goebbels die Gelegenheit, eine weitere Hetzkampagne gegen die deutschen Jüdinnen und Juden zu beginnen. Das Deutsche Nachrichtenbüro, die offizielle Presseagentur des Deutschen Reiches, veröffentlichte am Abend des 7. November einen Rundruf: »Alle deutschen Zeitungen muessen in groesster Form ueber das Attentat auf den Legationssekretaer an der deutschen Botschaft Paris berichten. Die Nachricht muss die erste Seite voll beherrschen.«

Kommentare zum Attentat sollten erwähnen, dass es schlimmste Folgen für die Juden in Deutschland haben müsse. Es sollte geschrieben werden, dass eine »jüdische Emigrantenclique« – wie schon beim Mord an Gustloff – Grynszpan den Revolver in die Hand gedrückt habe. Die Einzeltat Herschel Grynzspans wurde so zur Verschwörung einer gar nicht existierenden Gruppe.

Alle großen Zeitungen stellten sich in den Dienst der antisemitischen NS-Propaganda. Der *Völkische Beobachter* titelte nicht nur »Ein neuer Fall Gustloff – Jüdischer Mordanschlag in Paris«, sondern schrieb in einem Leitartikel auch: »Es ist klar, daß das deutsche Volk aus dieser neuen Tat seine Folgerungen ziehen wird. Es ist ein unmöglicher Zustand, daß in unseren Grenzen Hunderttausende von Juden noch ganze Ladenstraßen beherrschen«, die Schüsse in der Deutschen Botschaft in Paris würden den Beginn einer neuen deutschen Haltung in der »Judenfrage« bedeuten.

Unterdessen setzte man alles daran, aus Ernst vom Rath einen weiteren »Märtyrer« der nationalsozialistischen Bewegung zu machen. Adolf Hitler selbst beförderte ihn unmittelbar nach dem Attentat zum Botschaftsrat und sandte seinen Leibarzt Karl Brandt und den Medizinprofessor Georg Magnus aus Münster nach Paris. Doch auch sie konnten nichts mehr ausrichten, Ernst vom Rath starb am Nachmittag des 9. November. Adolf Hitler und Joseph Goebbels, die sich in München befanden, um den 15. Jahrestag des Hitlerputsches zu begehen, erfuhren beim »Geselligen Beisammensein der Führerschaft der NSDAP« im Festsaal des Alten Rathauses von seinem Tod. Goebbels verkündete die Nachricht seinen

Parteigenossen und bezog sich in seiner Rede auch auf Ausschreitungen gegen Juden im Gau Kurhessen in den vorangegangenen Tagen.

Schon vor dem Attentat hatten am 5. und 6. November in Kassel Hitlerjugendtrupps versucht, die Synagoge zu zerstören. Einen Tag später drangen etwa 30 Männer in Zivil in die Synagoge ein, griffen sich Gebetsrollen und Teile des Inventars und entfachten damit ein Feuer auf dem Vorplatz. In der Nacht brannte dann das Gebäude. Nachdem die Meldung über die Ereignisse in Paris in den Zeitungen erschienen war, kam es an weiteren Orten in Nordhessen zu Übergriffen auf Menschen und »jüdischen Besitz«, in Kassel wurden erneut Fensterscheiben eingeworfen und jüdische Läden angegriffen.

In München teilte Goebbels den Anwesenden nun mit, dass auf Anweisung Hitlers derartige Demonstrationen durch die Partei weder vorzubereiten noch zu organisieren seien. Würden sie jedoch spontan entstehen, sei ihnen nicht entgegenzutreten. Angriffe auf Jüdinnen und Juden und ihr Eigentum waren also erwünscht, es sollte dabei aber nicht erkennbar sein, dass es sich bei den Angreifern um Mitglieder von nationalsozialistischen Organisationen handelte. Goebbels' Tagebucheintrag zufolge sollen die Zuhörer mit stürmischem Beifall reagiert haben. Als Goebbels in sein Hotel gefahren wurde, sah er auf der Fahrt den »blutroten« Münchener Himmel und hörte die Fensterscheiben klirren, was er in seinen Notizen mit »Bravo! Bravo!« kommentierte. Den Berliner Gaupropagandaleiter Werner Wächter hatte er, wie er schrieb, noch von der Veranstaltung aus damit beauftragt, die Synagoge in der Fasanenstraße in Charlottenburg »zerschla-

gen« zu lassen. Dieser versicherte Goebbels, es sei ihm
ein »ehrenvoller Auftrag«. Heinz Galinski, der spätere
Vorsitzende des Zentralrats der Juden in Deutschland,
wurde Augenzeuge der Ausführung dieses »Auftrags«, er
erinnerte sich 1982: »Am 9. November 1938, als ich mit-
ansehen mußte, wie unsere Synagogen zerstört wurden,
Menschen geschlagen, ermordet, verhaftet und deportiert
wurden, brach zum ersten Mal eine Welt in mir zusammen.«

In München zog der »Stoßtrupp Adolf Hitler« los und
begann mit der Zerstörung von jüdischen Geschäften im
Umkreis des Alten Rathauses, wo der »Kameradschafts-
abend« stattgefunden hatte. Unter den Mitgliedern des
Stoßtrupps befanden sich enge Vertraute Hitlers, etwa sein
Persönlicher Adjutant Julius Schaub oder sein Chauffeur
Emil Maurice. Um 23.45 Uhr brannte in München das
erste jüdische Haus: Schloss Planegg, das in Besitz von
Baron Rudolf von Hirsch war. Der Physiker hatte für das
Deutsche Reich am Ersten Weltkrieg teilgenommen und
war dafür mit dem Eisernen Kreuz und dem bayerischen
»Militärverdienstorden mit Schwertern« ausgezeichnet
worden. Das hinderte die in Zivil auftretenden SS-Män-
ner nicht daran, das Gut seiner Familie zu verwüsten.
   Derweil waren andere damit beschäftigt, die Pogrom-
nacht im ganzen Reich in Gang zu setzen. Noch von der
Veranstaltung im Alten Rathaus in München hatten die
Gauleiter ihre Untergebenen darüber informiert, dass
Aktionen gegen Synagogen, jüdische Häuser und Geschäfte zu vollziehen seien. Um 1.20 Uhr forderte schließlich Reinhard Heydrich, der Leiter des Reichssicherheits-

hauptamts, in einem Blitzfernschreiben mit dem Betreff »Massnahmen gegen Juden in der heutigen Nacht« die gesamte Staatspolizei sowie die Stellen des Sicherheitsdienstes der SS auf, umgehend mit dem gewalttätigen Vorgehen gegen die jüdischen Deutschen zu beginnen. Dass Goebbels' Anweisung, der zufolge Mitglieder nationalsozialistischer Organisationen bei ihrem Vorgehen nicht als solche zu erkennen sein sollen, lange nicht überall ankam, zeigt etwa der Befehl, der in der SA-Stelle »Nordsee« einging: »Sämtliche jüdische Geschäfte sind sofort von SA-Männern in Uniform zu zerstören. Nach der Zerstörung hat eine SA-Wache aufzuziehen, die dafür zu sorgen hat, dass keinerlei Wertgegenstände entwendet werden können. (…) Die Presse ist heranzuziehen. Jüdische Synagogen sind sofort in Brand zu stecken, jüdische Symbole sind sicherzustellen. Die Feuerwehr darf nicht eingreifen. Es sind nur Wohnhäuser arischer Deutscher zu schützen, allerdings müssen die Juden raus, da Arier in den nächsten Tagen dort einziehen werden. (…) Der Führer wünscht, dass die Polizei nicht eingreift. Sämtliche Juden sind zu entwaffnen. Bei Widerstand sofort über den Haufen schießen. An den zerstörten jüdischen Geschäften, Synagogen usw. sind Schilder anzubringen, mit etwa folgendem Text: ›Rache für Mord an vom Rath. Tod dem internationalen Judentum. Keine Verständigung mit Völkern, die judenhörig sind.‹«

Spätestens damit begann die Pogromnacht. Insgesamt ergingen in der Nacht vom 9. auf den 10. November fünf Befehle von unterschiedlichen Stellen. Im ganzen Deutschen Reich wurden SA-Leute, NSDAP-Mitglieder, Gestapoangehörige, SS-Mitglieder, Polizisten und Feuerwehrleute aus den Betten geklingelt – manche kamen alkoholisiert von den Gedenkfeiern zum Jahrestag des Putsches. Überall im Deutschen Reich wurden die Anweisungen umgesetzt. Die folgenden Schilderungen stehen exemplarisch für die Taten und das Leid in dieser Nacht und den folgenden Tagen:

Hugo Moses aus dem Rheinland wurde um drei Uhr geweckt und beobachtete, wie etwa 20 uniformierte Männer aus einem Transportauto stiegen. Seiner Frau rief er zu: »Nicht erschrecken, es sind Parteileute, bitte ganz ruhig sein.« Im Schlafanzug an der Haustür roch er die Alkoholfahne der Uniformierten, die sich ins Haus drängten. Sein Telefon wurde aus der Wand gerissen, ein Führer des SS-Trupps entsicherte vor Moses' Augen seinen Revolver und hielt ihn ihm an die Stirn: »Weißt du Schwein, weshalb wir kommen?« Moses verneinte und bekam als Antwort zu hören: »Wegen der Schweinerei in Paris, an der du auch schuldig bist. Falls du auch nur den Versuch machst, dich zu rühren, schieße ich dich ab, wie eine Sau.«

In Frankfurt am Main beobachtete Eugen Wolf die Angriffe. Sie begannen um fünf Uhr in der Nacht. Sämtliche Synagogen wurden mithilfe von Benzin angezündet, während die Feuerwehr nur die Nachbarhäuser schützte. Junge Juden wurden dazu gezwungen, Ausgaben der

Heiligen Schrift in kleine Stücke zu zerschneiden und zu verbrennen.

Auch in Österreich, das seit dem »Anschluss« im März zum Deutschen Reich gehörte, fanden Pogrome statt. Für den Reichssender Wien berichtete der 25-jährige Reporter Eldon Walli unter dem Lachen der umstehenden SA-Männer über die Zerstörung der Synagoge in Wien-Leopoldstadt:

> Wir stehen mit unserem Mikrofon in dem großen Leopold-
> städter Judentempel. Ihn heute noch so zu bezeichnen ist
> eigentlich schon etwas geschmeichelt, denn die erbitterten
> Einwohner, arischen Einwohner, dieses Bezirkes haben
> nach dieser ruchlosen Tat von Paris es sich nicht nehmen
> lassen, um auch hier ihren abgrundtiefen Hass gegen das
> Judentum zu bezeugen. Der Judentempel war in wenigen
> Minuten ein Raub der Flammen, und wenn wir uns jetzt
> hier in diesem orientalischen Kuppelbau umsehen, dann ist
> von dem eigentlichen Tempel, von diesem prunkvollen und
> mit viel Geld erbauten Gebäude nur mehr das Gerippe, das
> alte Gerüst, übriggeblieben.

Um 6.30 Uhr am Morgen des 10. November holten in Zivil gekleidete Männer im thüringischen Sonneberg »4 Volljuden und 3 Mischlinge« – wie sie der Bericht an den Oberstaatsanwalt nannte – aus ihren Wohnungen und führten sie durch die Straßen der Stadt. Dabei mussten sie Schilder mit den Aufschriften »Wir sind Mörder« und »Die Juden wollen den Krieg« tragen. Eine größere Menschenmenge beobachtete, wie die sieben Männer zum Rathausplatz getrieben und dort ins Polizeigefängnis eingewiesen wurden. Die Häuser, in denen Juden lebten, und auch der Bürgersteig vor einem jüdischen Geschäft wurden mit antisemitischen Sprüchen beschmiert. Die *Thüringer Tageszeitung* schrieb am selben Tag: »Mit seinem hinterhältigen Verbrechen hat der Judenbengel Grünspan uns alle getroffen und es ist nun einmal die Eigenart der Nationalsozialisten, dass sie zurückschlagen.«

In Suhl machte der Landrat am selben Tag eine Meldung an den Regierungspräsidenten in Erfurt. Er berichtete, dass in dieser Nacht die Synagoge bis auf die Umfassungswände ausgebrannt sei. Die Brandursache hätte noch nicht festgestellt werden können – ebenso im benachbarten Arnstadt: »In der Nacht vom 9. zum 10.11.1938 brannte in Arnstadt die Synagoge ab. Nach Mitteilung der Polizei sind die Täter unbekannt. Es wird ein Kurzschluß angenommen.« In der Nacht hatte die SA dort 30 Juden in Schutzhaft genommen. Neun davon sollten ins Konzentrationslager Buchenwald »geschafft« werden. Dort waren am Abend des 9. November 9842 Männer inhaftiert. Am nächsten Tag um Mitternacht waren es schon 13 992 Männer und bis zum Abend des 13. November sollten es 19 676 werden.

Ein Arzt aus Frankfurt am Main war einer von ihnen. Am 10. November war er in Schutzhaft genommen und nach Buchenwald deportiert worden. Dem Jewish Central Information Office berichtete er, wie er nach seiner Ankunft unter lauten Beschimpfungen durch zwei Reihen von SS-Männern laufen musste, die die Ankommenden mit ihren Fäusten, Schlagringen und Peitschen schlugen und nach ihnen traten. In der Baracke, in der er schlafen sollte, zählte er 22 Männer mit blutenden Köpfen, vier

Männer starben in der ersten Nacht. Behandeln durfte er sie nicht: »Wir brauchen hier keinen Arzt. Wir verstehen von diesen Sachen selber genug und wissen, was wir mit solchen Leuten zu tun haben.« Die Zustände im Konzentrationslager waren katastrophal. Es gab kaum Wasser und keine Waschgelegenheit. Nach zwei Tagen ekelte sich der Arzt vor seinen dunkelgrauen und klebrigen Händen. Immer wieder starben Männer, einige nahmen sich das Leben. Ein anderer Mann aus Frankfurt, der ebenfalls in Buchenwald inhaftiert war, kam zu dem Fazit: »Schlimmer wie in einem Konzentrationslager kann es einem nie im Leben gehen./ Vor dem Tode braucht man keine Angst mehr zu haben./ Die Hölle ist noch ein Paradies gegen ein Konzentrationslager.«

Hertha Nathorff hatte die Pogromnacht in Berlin miterlebt. Am Morgen des 10. November war sie verwundert gewesen, dass jemand in einem schönen Modegeschäft alle Scheiben eingeschlagen hatte, und auch im Strumpfgeschäft gegenüber war alles kaputt. Im Vorübergehen hörte sie eine Frau sagen: »Recht geschieht es der verdammten Judenbande; Rache ist süß!« Erst jetzt begann sie zu begreifen, was geschehen war. Als sie wieder zu Hause ankam, war ihr Mann gerade auf einem Hausbesuch. Um halb zehn Uhr abends kam die Kriminalpolizei in die Wohnung der Nathorffs. Herthas Mann Erich, der die gemeinsame Praxis als »Judenbehandler« hatte weiterführen können, war immer noch unterwegs. Die Polizisten vermuteten, dass Hertha Nathorff ihren Mann versteckte, und durchsuchten die Wohnung. Mit vorgehaltener Pistole zwangen die Polizisten Hertha Nathorff, die Tür zum Zimmer zu öffnen, in dem ihr 14-jähriger

Sohn Heinz schlief. Als sich die Polizisten davon überzeugt hatten, dass Erich Nathorff nicht zu Hause war, stand er plötzlich in der Wohnungstür und wurde umgehend verhaftet. Er wurde für fünf Wochen im Konzentrationslager Sachsenhausen inhaftiert. Am 16. Dezember kehrte er zurück, und Hertha vermerkte in ihrem Tagebuch: »Kopfhaar und Bart haben sie ihm abrasiert, die Haare wachsen spärlich nach, grau. – Es tut nichts. Auch in meinem Haar glänzen die ersten Silberfäden. Nicht das Alter hat sie gebleicht. Mein Mann ist zurückgekehrt; Hauptsache, er lebt, er ist da.«

Die Täter der Reichspogromnacht prahlten mit ihren Taten. So schrieb der SA-Anwärter Wilhelm Schrader am 10. November aus Bremerhaven an seine Verlobte: »Die Aktion hatte letzte Nacht ganz wunderbar geklappt, ich habe mich so richtig mal wieder austoben können und meine Kräfte spielen lassen. Meine Brandlegung war prima, es ist vom Synagogeninventar auch nichts übriggeblieben. 1000 Grüsse von Deinem SA-Mann und Brandstifter.«

Anders sah das die 20-jährige Hildegard Wagner aus Hamburg, die am 11. November in ihr Tagebuch schrieb: »Sind wir aufrechte Deutsche oder ein Pöbelhaufen? Ist das eines deutschen Volkes würdig, Gewalt mit Gewalt zu vergelten? Ich schäme mich.«

Es ist schwer einzuschätzen, wie die nichtjüdische deutsche Bevölkerung auf die Pogromnacht reagierte. Die *Deutschland-Berichte der Sopade*, eine Exilzeitschrift von SPD-Mitgliedern in Paris, waren der Ansicht, dass die große Mehrheit des deutschen Volkes die Ausschreitungen scharf verurteilt habe. Man müsse sich aber auch darüber klar sein, dass die Brutalität der Pogromhorden die Einschüchterung der Bevölkerung gesteigert und die Vorstellung gefestigt habe, dass jeder Widerstand gegen die uneingeschränkte nationalsozialistische Gewalt zwecklos sei. Aus Sicht der nationalsozialistischen Machthaber war die Pogromnacht erfolgreich verlaufen: Trotz der Verschärfung des staatlichen Vorgehens gegen Juden hatte sich kein nennenswerter Protest der »arischen« Bevölkerung geregt.

Am 9. und 10. November waren etwa 30 000 jüdische Deutsche in die drei Konzentrationslager Buchenwald, Sachsenhausen und Dachau eingewiesen worden. Unter ihnen hatte sich auch Robert Ballin befunden, der 15 Jahre zuvor gemeinsam mit seiner Frau den verletzten Hermann Göring versorgt hatte. Er kam einen Tag später wieder frei. Zehn Tage nach der Pogromnacht begannen dann auf Befehl von Reinhard Heydrichs Büro die Massenentlassungen der sogenannten »Aktionsjuden« aus den Konzentrationslagern. Bis zum Beginn des Jahres 1939 wurden die meisten Inhaftierten aus den Konzentrationslagern entlassen, oft unter der Auflage, ihre Geschäfte an nichtjüdische Inhaber abzutreten und auszuwandern. Die Internierungen hatten verheerende Folgen, unter dem Eindruck ihrer Erlebnisse waren die Freigelassenen gebrochen oder starben an den Langzeitfolgen der Haft.

Dass man sich in der Führungsebene der NSDAP der Sache trotzdem nicht ganz sicher war, wurde schon am 10. November deutlich. Joseph Goebbels verkündete, dass von weiteren Demonstrationen und Aktionen Abstand zu nehmen sei: Ein Rundruf wies die Zeitungsmacher an, möglichst wenig über die Pogrome zu berichten. Es könne geschrieben werden, dass hier und da Fensterscheiben zertrümmert worden seien und »Synagogen sich selbst entzündet« hätten, die Berichte sollten jedoch nicht allzu ausführlich sein, ohne Schlagzeilen und Bilder.

Der *Völkische Beobachter* machte an diesem Tag mit der Meldung auf, dass ganz Deutschland um Ernst vom Rath trauere, berichtete unter der Überschrift »So antwortet Deutschland« aber auch über spontane Demonstrationen der Bevölkerung – ganz im Sinne des Propagandaministeriums. In Düsseldorf sei es etwa nur der »außerordentlichen Disziplin« der Bevölkerung zu verdanken gewesen, dass es beim Trauerzug nicht zu Ausschreitungen gegen Juden gekommen sei. Die jüdischen Geschäfte seien indes vollkommen zu Recht zerstört worden.

Reinhard Heydrich berichtete seinem Vorgesetzten Hermann Göring am 11. November von 174 Festnahmen aufgrund von Plünderungen – in einem Rundschreiben der Weimarer Gestapo zum Umgang mit sichergestelltem jüdischem Eigentum wenige Tage später wurde der Tatbestand jedoch bereits relativiert: Sollten diese Gegenstände noch irgendwie zu gebrauchen sein, sollten sie nicht an ihre Besitzer zurückgegeben, sondern aufbewahrt werden.

Dieser Vorgang zeigt, dass die Handlungen nicht in einem rechtsfreien Raum passiert waren. Die Tatsache, dass die Pogromnacht auf Anweisung der Staatsführung stattgefunden hatte, durfte nicht publik werden: Der offiziellen Version zufolge hatte sich die wütende Bevölkerung erhoben. Das Reichsjustizministerium verfügte deshalb, dass die Staatsanwaltschaften nur persönliche Bereicherung und Plünderungen, schwere Körperverletzungen sowie die Zerstörung jüdischer Wohnungen zu verfolgen hätten – Sachbeschädigungen und Brandstiftung jüdischen Eigentums dagegen nicht. Schließlich kamen weder das Reichsjustizministerium noch die Staatsanwaltschaften zum Zuge: Die Fälle wurden vor dem Obersten Parteigericht verhandelt, und von 91 erfassten Tötungsdelikten wurden dort überhaupt nur 21 untersucht.

Die Auslandspresse reagierte entsetzt auf die Taten. In der *New York Times* war am 12. November zu lesen: »Die Ausschreitungen hätten innerhalb einer halben Stunde gestoppt werden können, wenn sich die Hitlerregierung dafür interessiert hätte. Wie lange hätten sie gedauert, wenn sie gegen Hitler oder die NSDAP gerichtet gewesen wären?« Unter dem Titel »Great Germany« stellte dieselbe Zeitung fest: »Ein Tag des Terrors, der sogar alles übertrifft, was im Dritten Reich bislang geschehen ist, Synagogen sind verbrannt, Läden wurden ausgeraubt und geplündert, Wohnungen überfallen, etliche Bürger geschlagen und Tausende verhaftet.« Die Presse in Großbritannien hatte nach der Pogromnacht geschrieben »Millionen Deutsche müssen die Schmach verabscheuen, mit der ihr Name bedeckt wurde« (*The*

Times), »Deutschland lieferte sich einer Orgie der Barbarei aus, die die ganze Welt mit Entsetzen füllt« (*Daily Telegraph*) und »Schmach für Menschheit« (*Daily Herald*). Am 17. November wies das Propagandaministerium die deutschen Zeitungen an, auf die Artikel aus dem Ausland zu reagieren. Es solle deutlich gemacht werden, dass die ausländischen Regierungen sich weigerten, Juden bei sich aufzunehmen. Auch seien Vergleiche zwischen der Inhaftierung der deutschen Juden in den Konzentrationslagern und den englischen Kolonialmethoden zu ziehen und festzustellen, dass man es nicht mehr mit dem Deutschen Reich von 1918 zu tun habe: Es lasse sich eine Bevormundung »im Gouvernantenton« nicht gefallen. Doch nicht nur die ausländische Presse, auch die Regierungen anderer Staaten protestierten gegen die Pogromnacht. Das Auswärtige Amt erhielt insgesamt hundert Protestnoten ausländischer Vertretungen. Die USA zogen am 14. November ihren Botschafter ab, ausländische Firmen kündigten ihre Handelsbeziehungen mit dem Deutschen Reich auf.

Am 12. November 1938 trafen sich führende NS-Politiker unter dem Vorsitz von Hermann Göring im Reichsluftfahrtministerium zu einer Besprechung über die »Judenfrage«. Göring war der Meinung, die »Demonstrationen« – wie er die Reichspogromnacht euphemistisch nannte – hätten nicht »den Juden«, sondern ihn geschädigt. Es seien Konsumgüter und Volksgüter zerstört worden. Es sei irrsinnig, ein jüdisches Warenhaus auszuräumen und anzuzünden, und zudem trüge eine deutsche Versicherungsgesellschaft den Schaden. Ihm wäre es lieber gewesen, man hätte »200 Juden erschlagen und nicht solche

Werte vernichtet«, vermerkte das Protokoll dieser Sitzung. Zur Strafe wolle er den deutschen Juden deswegen eine Abgabe von einer Milliarde Reichsmark auferlegen.

Goebbels hingegen war von dem Ergebnis der Pogromnacht beseelt und sinnierte darüber, was man mit den Grundstücken der Synagogen anstellen könne: »Die einen Städte wollen sie zu Parkplätzen umgestalten, andere wollen dort wieder Gebäude errichten.« Er wollte nun noch weiter darin gehen, Jüdinnen und Juden aus der deutschen Öffentlichkeit zu drängen. So schlug er etwa vor, jüdischen Kindern den Besuch deutscher Schulen sowie Jüdinnen und Juden das Betreten des »deutschen Waldes«, »deutscher Bäder, Strandbäder und Erholungsstätten« zu verbieten. Auch über die Einrichtung eigener Eisenbahnabteile, eigener Kinos, Varietés oder Theater für Jüdinnen und Juden machte er sich Gedanken.

Noch am selben Tag erging eine Reihe von Verordnungen mit dem Zweck, jüdisches Leben aus der Öffentlichkeit zu verbannen und die bereits Geschädigten weiter zu schikanieren. Dabei wurden sowohl Goebbels' als auch Görings Ideen umgesetzt: Mit der »Verordnung zur Wiederherstellung des Straßenbildes bei jüdischen Gewerbetreibenden« wurden die Inhaber von Geschäften dazu gezwungen, alle Schäden, die ihnen durch die Pogrome entstanden waren, umgehend auf eigene Kosten zu beseitigen. Göring verfügte außerdem, dass die fälligen Versicherungssummen von Juden nicht ihnen selbst zustünden, sondern zugunsten des Reichs beschlagnahmt würden. In der »Verordnung über eine Sühneleistung der Juden deutscher Staatsangehörigkeit« ließ er – wie bei der Besprechung im Reichsluftfahrtministerium ange-

kündigt – mitteilen, dass allen Juden deutscher Staatsangehörigkeit eine Zahlung von einer Milliarde Reichsmark auferlegt werde. Das bedeutete in der Praxis, dass
jeder jüdische Haushalt mit einem Vermögen über 5000
Reichsmark 20 Prozent an den Staat zahlen musste. Mit
der »Verordnung zur Ausschaltung der Juden aus dem
deutschen Wirtschaftsleben« durften Juden keine eigenen Geschäfte mehr besitzen, als Handwerker nicht mehr
selbstständig sein und keine Angestellten mehr beschäftigen. Seit 1933 hatte man die jüdischen Besitzer durch die
Boykottaufrufe zur Geschäftsaufgabe oder zum Verkauf
an nichtjüdische Deutsche – die sogenannte »Arisierung«
des Betriebs – gedrängt. Seit 1935 waren keine öffentlichen Aufträge mehr an jüdische Firmen vergeben worden. In den darauffolgenden Jahren verstärkte sich dieser
Druck immer weiter, auch weil die Machthaber bei diesen
erzwungenen Verkäufen immer professioneller vorgingen.

In Berlin entschied die Industrie- und Handelskam-
mer am 28. November auf einer Tagung, wer die jüdischen
Geschäfte in der Reichshauptstadt übernehmen sollte.
Vier Gruppen kamen für den NSDAP-Gauwirtschafts-
berater Heinrich Hunke infrage. Neben »Abrissgeschä-
digten« und »geeigneten langjährigen Angestellten der
zu arisierenden Betriebe, sofern es sich nicht um Juden-
knechte handelt«, kamen auch »alte und verdiente Parteigenossen« sowie »wirtschaftlich erfahrene Parteigenossen,
die sich selbständig machen wollen«, in Betracht – also
Menschen, die möglicherweise selbst an den Zerstörun-
gen der Reichspogromnacht mitgewirkt hatten. In Berlin
ermittelten die Machthaber 1939, dass 3700 jüdische Ein-
zelhandelsgeschäfte an nichtjüdische Besitzer zu über-

schreiben seien und für jedes dieser Geschäfte drei bis vier Interessenten bereitstünden.

Die wenigen Geschäfte, die sich nun noch in jüdischem Besitz befanden, wurden stillgelegt oder »zwangsarisiert«. In Jena zum Beispiel hatte das »Fleischereifachwarengeschäft mit angeschlossener Darm- und Fellhandlung« der Familie Friedmann schon vor der Reichspogromnacht übernommen werden sollen. Zwei Interessenten hatte es gegeben, die das Geschäft im Sinne der Friedmanns hatten weiterführen wollen. Beide Versuche scheiterten. Mit zwei Arbeitern und sechs Angestellten lief das Unternehmen gut und wurde 1938 auf einen Wert von 53 200 Reichsmark geschätzt. Dann waren in der Pogromnacht der Geschäftsinhaber Hermann Friedmann und sein Sohn Arthur ins Konzentrationslager Buchenwald verschleppt worden. Sie kamen nur vorzeitig frei, um ihr Geschäft abzuwickeln. Für 35 000 Reichsmark – also deutlich unter dem geschätzten Wert – mussten sie ihr Unternehmen an die als »arisch« eingestufte Familie Hörchner verkaufen, die ein Eisenwarengeschäft betrieb. Ihre Einkommensgrundlage war damit zerstört. Hermann Friedmann starb 1940 an den Langzeitfolgen der Haft im Konzentrationslager. Sein Sohn Arthur bekam 1941 mit seiner Familie ein Visum für die USA. Seine Mutter, seine Schwester und deren Mann wurden 1942 deportiert und in der Shoah ermordet.

»Alle haben nur einen Wunsch: Heraus aus diesem Lande.«

Diese Zeile notierte Hertha Nathorff Silvester 1938/39 in ihr Tagebuch. Nach den Pogromen sahen viele Jüdinnen und Juden in Deutschland keinen Ort zum Leben mehr. Einige wählten den Suizid. Der Bankier Paul von Schwabach, der von Kaiser Wilhelm II. 1907 in den Adelsstand erhoben worden und nach dem Ersten Weltkrieg an den Verhandlungen über die Reparationen an Frankreich beteiligt gewesen war, nahm sich am 17. November das Leben. Die Selbsttötungen von vier Frauen nach der Pogromnacht wurde in einem Bericht an das Central Jewish Information Office damit begründet, dass allein der »Lebensüberdruss angesichts der Verfolgungen« Grund dafür gewesen war.

Andere hofften, im Ausland ein neues Leben beginnen zu können. Die Pogromnacht führte dazu, dass immer mehr sich für eine Emigration entschieden. Aus ganz Deutschland wanderten 1939 etwa 78 000 Jüdinnen und Juden aus. Einer von ihnen war Rudolf Bing. Der Anwalt aus Nürnberg, der am 10. November vor dem »Pöbelhaufen« aus dem Fenster geflüchtet war, emigrierte 1939 mit seiner Frau nach Palästina, wohin 1933 und 1934 schon seine Töchter ausgewandert waren. Von seinem Besitz blieb ihm wegen der Reichsfluchtsteuer und der »Verordnung zur Ausschaltung der Juden aus dem deutschen Wirtschaftsleben« wenig. Die Auswanderung musste man sich nämlich erst einmal leisten können: Das Vermögen der Auswandernden wurde vom Staat beschlagnahmt, wer über mehr als 50 000 Reichsmark verfügte, musste eine Reichsfluchtsteuer in Höhe von 25 Prozent dieses

Vermögens bezahlen. Das bedeutete allerdings nicht, dass das übrige Vermögen mitgenommen werden konnte. Für die Überschreibung auf Konten ins Ausland wurden noch einmal hohe Abgaben fällig. Auch auf Möbel und andere Einrichtungsgegenstände entfiel eine Abgabe. Jüdinnen und Juden, die Deutschland ab 1934 verließen, durften auf ihrer Reise nur zehn Reichsmark bei sich tragen. 1937/38 nahm der deutsche Staat mit der Reichsfluchtsteuer 81 000 000 Reichsmark ein, 1938/39 waren es schon 342 000 000.

Wer nach Oktober 1938 das Land verlassen wollte, bekam ein »J« in den Pass gestempelt, wodurch in manchen Fällen die Einreise in andere Länder erschwert wurde. Denn es gab nicht viele Länder, die die Emigranten aufnahmen. 32 Staaten, darunter Frankreich, die USA, die Schweiz, England, aber auch Panama, Paraguay und Kuba, hatten sich im Juli 1938 bei der Konferenz von Évian darauf geeinigt, ihre – oft sehr niedrigen – Einwandererquoten nun voll auszunutzen. Doch nach der Konferenz hielt sich kaum ein Land an diese Zusage, viele weigerten sich, überhaupt Flüchtende aufzunehmen – mit Verweis auf die Wirtschaftskrise. Im Jahr 1938 standen in den USA 300 000 Anträgen lediglich 30 000 vergebene Visa gegenüber. Noch dazu brauchte es für eine Emigration in die USA eine Bürgschaft von dort lebenden Verwandten. Selbst für Einreisende mit Visum konnten sich die Bestimmungen von einem auf den anderen Tag ändern – wie etwa die Irrfahrt des Passagierschiffes St. Louis im Frühjahr 1939 zeigt. Obwohl sämtliche Passagiere Touristenvisa für Kuba hatten, erhielt das Schiff dort keine Anlegeerlaubnis, da sich kurz zuvor die Einreisebestimmungen geändert hatten. Als die Flüchtenden nicht an Land gehen konnten, baten jüdische Organisationen den US-Präsidenten Roosevelt, die 908 jüdischen Passagiere aufzunehmen. Als er dies verweigerte, musste das Schiff im Juni 1939 nach Europa zurückkehren. Die Passagiere wurden auf Belgien, die Niederlande, Frankreich und Großbritannien verteilt. 254 Passagiere der St. Louis überlebten die Shoah nicht.

Wer kein Visum bekam, der versuchte, wenigstens seine Kinder ins Ausland zu bringen. In Großbritannien entschied man sich unter dem Eindruck der Reichspogromnacht dazu, 10 000 Kinder aufzunehmen. Die Zivilbevölkerung nahm dabei eine wichtige Rolle ein: Für jedes Kind musste ein Bürge gefunden werden, der dessen Versorgung mit 50 Pfund Sterling garantierte. Die USA, Kanada und Australien nahmen ebenfalls Kinder auf, manche kamen auch in das britische Mandatsgebiet nach Palästina.

Sie reisten ohne Begleitung, oft wurden die Familien nur kurzfristig informiert. Um Abschiedsszenen am Bahnhof zu vermeiden, durften die Eltern meist nicht mit auf den Bahnsteig. Viele der Kinder aus diesen Transporten sahen ihre Eltern am Bahnhof zum letzten Mal und überlebten als Einzige in ihrer Familie die Shoah.

Am Morgen des 2. März 1939 brachte Hertha Nathorff ihren Sohn Heinz zum Schlesischen Bahnhof. Sie traf eine Kollegin, deren Mann vier Tage nachdem er das Konzentrationslager hatte verlassen dürfen, gestorben war. Jetzt brachte auch sie ihren Sohn zum Kindertransport nach England. Eine Patientin der Nathorffs verabschiedete sich gerade von ihrer vierjährigen Tochter. Da sie nicht mit auf den Bahnsteig durfte, flüsterte Hertha ihrem Sohn zu: »Schau am Bahnhof Zoo aus dem Fenster.« Dann machte sie sich in Windeseile auf den Weg durch die Stadt und konnte sich Minuten später noch einmal ungehindert von Heinz verabschieden. Hertha und ihrem Mann Erich gelang es im April 1939 ebenfalls, Deutschland zu verlassen. Sie gingen zunächst nach London und von dort mit Heinz in die USA. Um die Familie durchzubringen, arbeitete Hertha dort unter anderem als Krankenpflegerin, Küchenhilfe und Barpianistin, während ihr Mann versuchte, wieder als Arzt zugelassen zu werden. Die Aufzeichnungen, die Hertha Nathorff während ihrer Zeit im nationalsozialistischen Deutschland gemacht und mit denen sie 1940 einen Preis der Universität Harvard gewonnen hatte, blieben lange vergessen. 1988, 50 Jahre nach der Pogromnacht, gab der Historiker Wolfgang Benz sie zum ersten Mal als Buch heraus. Hertha Nathorff starb 1993 im Alter von 98 Jahren in New York.

Herschel Grynszpan wurde nach der deutschen Besetzung von Paris im Juli 1940 an das Deutsche Reich ausgeliefert. Ein geplanter Schauprozess gegen ihn wurde auf einen unbestimmten Zeitpunkt nach dem von den Nationalsozialisten als siegreich vorgesehenen Ende des Zweiten Weltkriegs verschoben. Er wurde im Konzentrationslager Sachsenhausen und im Gestapogefängnis in Moabit inhaftiert. Was weiter mit ihm geschah, bleibt ungeklärt. 1960 erklärte ihn das Amtsgericht Hannover für tot.

Im ganzen Reich waren während oder nach der Pogromnacht heutigen Schätzungen zufolge zwischen 1300 und 1500 Menschen ermordet, durch die Taten in den

Suizid getrieben worden oder an den Folgen der Haft gestorben. Frauen waren vergewaltigt worden, 1406 Synagogen angezündet oder beschädigt, über 7000 Geschäfte, die sich in jüdischem Besitz befanden, zerstört, jüdische Friedhöfe geschändet. Die Reichspogromnacht war die Katastrophe vor der großen, unbegreiflichen Katastrophe – der Shoa, in der zwischen 1941 und 1945 sechs Millionen Jüdinnen und Juden systematisch ermordet wurden.

In den geheimen Lageberichten der SS zog man Ende 1938 Bilanz über die »Judenfrage in Deutschland« und kam zu dem Schluss:

Im Berichtsjahre 1938 fand die Judenfrage in Deutschland, soweit sie auf dem Gesetzes- und Verordnungswege zu regeln ist, ihren Abschluß. Zwei Abschnitte sind deutlich zu erkennen. Während in der Zeit vom 1.1. bis 8.11.1938 versucht wurde, die Judenschaft durch Gesetze und Verordnungen endgültig aus sämtlichen deutschen Lebensgebieten auszuschließen, wurde die völlige Ausschaltung der Juden aus allen Gebieten des öffentlichen und privaten Lebens durch die Aktion vom 9./10.11.1938 praktisch verwirklicht.

Zum Weiterlesen

Novemberpogrom 1938. Die Augenzeugenberichte der Wiener Library, hg. v. Ben Barkow, Raphael Gross und Michael Lenarz, London/ Frankfurt a. M. 2008.

Das Tagebuch der Hertha Nathorff. Berlin – New York. Aufzeichnungen 1933 bis 1945, hg. v. Wolfgang Benz, Frankfurt a. M. 2010.

Hans-Jürgen Döscher: »Reichskristallnacht«. Die Novemberpogrome 1938, München 2000.

Nie mehr zurück in dieses Land. Augenzeugen berichten über die Novemberpogrome 1938, Uta Gerhardt und Thomas Karlauf, Berlin 2009.

Raphael Gross: November 1938. Die Katastrophe vor der Katastrophe, München 2013.

Angela Hermann: Hitler und sein Stoßtrupp in der »Reichskristallnacht«, in: Vierteljahreshefte für Zeitgeschichte, 56 (2008), S. 603–619.

Nikolaus Wachsmann: KL. Die Geschichte der nationalsozialistischen Konzentrationslager, München 2018.

»Schalom + Napalm«:
der Antisemitismus der Linken

Die Bombe im Jüdischen Gemeindehaus
am 9. November 1969

Am Morgen des 9. November 1969 war der Himmel
grau. Immer wieder regnete es aus tief hängenden Wolken. Dennoch strömten 250 Berliner in die Charlottenburger Fasanenstraße. Dort sollte um elf Uhr der Opfer
der Pogromnacht 31 Jahre zuvor gedacht werden. Zu den
Gästen der Gedenkfeier gehörten viele Schüler, Vertreter
von Gewerkschaften und Parteien und der Regierende
Bürgermeister Klaus Schütz. Albert Fichter trug seinen
Trenchcoat trotz des Herbstwetters über dem Arm. Er
gab den Mantel nicht an der Garderobe ab, sondern legte
ihn unter einen Getränkeautomaten. Dann verließ er das
Gebäude. In einem Ärmel war eine Bombe platziert, die
eine halbe Stunde nach Beginn der Feierlichkeiten deto-
nieren sollte.

Die Gedenkstunde begann mit einer Rede des Vorsitzenden der Jüdischen Gemeinde, Heinz Galinski, der
selbst im Holocaust seine Familie verloren hatte. Er re-
dete zunächst darüber, dass man aus der Vergangenheit
lernen müsse, auch aus der jüngsten. Damit sprach er
ein Ereignis an, das sich unter den Teilnehmern der Veranstaltung herumgesprochen hatte und für Verstörung

sorgte: An mehreren Gedenkorten für jüdische Opfer des Nationalsozialismus sowie auf Gräbern auf dem jüdischen Friedhof waren mit schwarzer und grüner Farbe die Worte »Schalom«, »El Fatah« oder »Napalm« geschrieben worden. Diese Schändung der jüdischen Grabstätten stellte eine beispiellose antisemitische Schmähung und eine nicht nur die Anwesenden bestürzende Beschmutzung des Gedenkens an die entrechteten und ermordeten Juden dar.

Die Bombe, die Albert Fichter platziert hatte, ging nicht hoch. Sie wurde erst am nächsten Morgen von einer Putzkraft gefunden und den Behörden übergeben. Bei einer kontrollierten Explosion wurde die außergewöhnliche Kraft der Bombe offenbar. Die Teilnehmer der Gedenkveranstaltung hätten keine Chance gehabt, dem Anschlag zu entgehen. Dass die Bombe während der Gedenkfeier nicht detonierte, war allein einem schadhaften Zünder zu verdanken. Lokale und überregionale Zeitungen berichteten intensiv und empört über die Bombe im Gemeindehaus.

Am Abend des 9. November, also noch vor dem Bombenfund, hatte sich die weitgehend unbekannte Gruppe Tupamaros Westberlin zu der Tat bekannt. Unter dem Titel »Schalom + Napalm« wurde der Nahostkonflikt als Forführung des imperialistischen Vietnamkrieges in Palästina gedeutet. Die vom nationalsozialistischen Deutschland verfolgten und zu Millionen ermordeten Juden wurden in diesem Flugblatt selbst als »Faschisten« bezeichnet, die in israelischen Gefängnissen gegen palästinensische »Freiheitskämpfer« Gestapomethoden anwendeten: »Jede Feierstunde in Westberlin und in der BRD unterschlägt, daß die Kristallnacht von 1938 heute tagtäglich von den Zionisten in den besetzten Gebieten, in den Flüchtlingslagern und in den israelischen Gefängnissen wiederholt wird.« Deshalb, so die Tupamaros Westberlin, gelte die Solidarität der Linken dem revolutionären Kampf der palästinensischen El-Fatah-Bewegung. Diese Solidarität führe in den gewaltsamen Kampf: »Alle Macht kommt aus den Gewehrläufen!«

Wie kam es dazu, dass die antiautoritäre Studentenbewegung, die sich selbst gegen die Kontinuitäten der deutschen Geschichte auflehnte, eine Gruppe hervorbrachte, die an einem der zentralen Orte des Gedenkens an antijüdische Gewalt und Ausgrenzung abermals einen antisemitischen Gewaltakt ausführte? Und zwar am 9. November, dem Jahrestag der Pogromnacht 1938?

Die Radikalisierung der Studentenbewegung durch den 2. Juni 1967

Obwohl die Studentenbewegung in Deutschland unter dem Label »68« firmiert, nahm sie ihren Anfang lange vor dem Jahr 1968. Bereits im Juni 1962 kam es in München zu den Schwabinger Krawallen, als die Polizei wegen einer angezeigten Ruhestörung gegen Straßenmusiker vorzugehen versuchte. An den darauffolgenden tagelangen Straßenschlachten mit der Polizei beteiligten sich zahlreiche Studierende der Ludwig-Maximilians-Universität. Im Herbst desselben Jahres bewies die sogenannte Spiegel-Affäre die politische Bedeutung einer kritischen Öffentlichkeit: Zahlreiche Studierende hatten für die

Pressefreiheit demonstriert, nachdem *Spiegel*-Redakteure aufgrund eines Artikels über die Bundeswehr verhaftet worden waren.

Schließlich führten seit dem Jahr 1966 die Mehrheitsverhältnisse im Bundestag dazu, dass die FDP großen Teilen der Bevölkerung als einzige Oppositionspartei gegen eine Große Koalition aus SPD und Unionsparteien überfordert erschien. Eine weitere Partei gab es im damaligen Bundestag nicht. Die Schwierigkeiten, die diese Konstellation barg, wurden vor allem in der Diskussion um die Einführung von Notstandsgesetzen offenbar: Schon seit Mitte der 1950er-Jahre wurde über eine Reihe von gesetzlichen Regelungen diskutiert, die die Bundesrepublik im Katastrophenfall schützen sollten, aber erst die Große Koalition unter dem CDU-Kanzler Kurt Georg Kiesinger verfügte über die nötige Zweidrittelmehrheit, um eine Verfassungsänderung zu verabschieden. Die Kritiker der Notstandsgesetze fühlten sich an das Ermächtigungsgesetz aus der Weimarer Zeit erinnert, das Adolf Hitler an die Macht gebracht hatte. Weil die Notstandsgesetze auf parlamentarische Weise nicht zu verhindern waren, erklärten sich die Gegner zur »außerparlamentarischen Opposition«, ein Begriff, der bald in Gestalt des Kürzels APO die Runde machte. Gewerkschaften, Kirchenvertreter, aber vor allem die Studentenbewegung protestierten gegen die Notstandsgesetze. Die Studierenden sahen sich in der Verantwortung, eine wichtige gesellschaftliche Funktion zu übernehmen. Zugleich vertieften der Wandel gesellschaftlicher Wertevorstellungen, etwa die freizügige Sexualmoral, die Konsumkritik, die an die Stelle der Euphorie über das Wirtschaftswunder trat, und die Kritik am Krieg der USA in Vietnam den Konflikt zwischen den Generationen. An die Stelle der publikumswirksamen Provokationen und Tabubrüche, für die die APO Mitte der 1960er-Jahre berüchtigt war, trat spätestens im Jahr 1967 einer zunehmende Gewaltbereitschaft, die sich als Reaktion auf das rücksichtslose und unrechtmäßige Vorgehen des Staates begriff. Die Militanz der Studierenden erhöhte wiederum den Druck auf die Regierung, die Notstandsgesetze zu erlassen, um die rechtsstaatliche Ordnung zu schützen.

Als Ausgangspunkt der Radikalisierung der Studentenbewegung wird häufig der Tod Benno Ohnesorgs angeführt. Der Student Benno Ohnesorg war Pazifist und wie viele seiner Kommilitonen politisch engagiert. Am 2. Juni 1967 nahm er gemeinsam mit seiner schwangeren Ehefrau an der Demonstration gegen den Besuch des Schahs teil. Im Vorfeld hatten Exiliraner und bundesrepublikanische Linke auf die Menschenrechtsverletzungen im Iran aufmerksam gemacht, während die restlichen Medien vor allem über den schillernden Lebensstil des Herrscherpaares berichteten. Ohnesorg und seine Frau gingen mit einem selbst gemalten Transparent zur Deutschen Oper, wo der Schah und die Königin gemeinsam mit dem Bundespräsidenten Heinrich Lübke eine Vorstellung der Zauberflöte besuchten. Im Getümmel sah Ohnesorg, dass die Polizei einige Demonstranten in einen Hauseingang trieb. Er trennte sich von seiner Frau und folgte der Gruppe, wohl um zu sehen, was sich in dem Innenhof abspielte. In diesem Innenhof geriet Ohnesorg dann selbst in die Gewalt der Polizei, wurde verprügelt und schließlich erschossen.

Der Kriminalobermeister Karl-Heinz Kurras hatte die tödlichen Schüsse abgegeben. Fünf Monate später wurde er vor dem Landgericht Moabit von der Anklage der fahrlässigen Tötung freigesprochen. Erst im Jahr 2009 wurde bekannt, dass Kurras von 1955 bis 1967 Inoffizieller Mitarbeiter des Ministeriums für Staatssicherheit der DDR gewesen war. Als das Gericht Kurras am 21. November 1967 entließ, saß der Student Fritz Teufel noch immer in Untersuchungshaft – man warf ihm vor, bei der Anti-Schah-Demonstration einen Stein geworfen zu haben.

Viele junge Menschen begehrten nun auf. Einer von ihnen war Georg von Rauch, der in Kiel Germanistik studierte. Er sah sehr gut aus und wurde von seinen Freunden wegen seiner langen Haare »Lockenköpfchen« genannt. Die Herzen seiner Mitmenschen flogen ihm zu. Mit 18 Jahren heiratete er die zehn Jahre ältere Künstlerin Illo Wittlich, 1967 bekamen die beiden eine Tochter, die sie Yamin nannten. In jenem Jahr zog es den jungen Vater nach Berlin. Er wurde, wie so viele andere, durch die Ermordung Benno Ohnesorgs radikalisiert, schmiss sein Studium und brach den Kontakt zu seinen Eltern ab. Zunächst kam er in den Räumlichkeiten des Sozialistischen Deutschen Studentenbunds (SDS) unter, wo auch Rudi Dutschke, einer der charismatischen Anführer der Studentenbewegung, und ein gewisser Albert Fichter wohnten. Illo von Rauch, die mit dem gemeinsamen Baby zurückblieb, wusste schon bald nicht mehr, wo ihr Mann sich aufhielt und was er tat. In einem Brief an Frau und Tochter schrieb er: »Ich krieg meine Identität nur, wenn alles identisch ist, mit Menschen und an Menschen, nicht an Problemen. So müsste ich meine Identität finden können, so, wo alles drin ist, was ich mal theoretisch gemacht hab, und was ich für ne praktische Geschichte hab (Eltern, Internat, Uni), und was ich machen werde, ›politisch‹ arbeiten, mit identischen Leuten, mit Leuten, in denen ich identisch bin. Wo Aktion drin ist, Abenteuer, Leben, Lieben, Laufen (nur nicht Gehen), Schlendern, Sommer, gesellschaftliche Mächtigkeit und alles total.«

Zu den »identischen Leuten«, mit denen Georg von Rauch politisch arbeitete, gehörte auch Dieter Kunzelmann, eine zentrale Figur der Berliner Szene. Kunzelmann hatte zusammen mit Fritz Teufel und anderen die Kommune I (KI) als kulturrevolutionäres Projekt gegründet. Die KI wurde schnell zum Aktivposten des linksalternativen Berlins. Dieter Kunzelmanns Begeisterungsfähigkeit, seine Spontanität und Radikalität erregten weit über linke Kreise hinaus Aufsehen. Für große Heiterkeit sorgte etwa das sogenannte »Begräbnishappening«: Bei einer offiziellen Trauerfeier für einen verstorbenen Politiker öffnete sich plötzlich der Sargdeckel, und Dieter Kunzelmann sprang vor aller Augen im weißen Nachthemd heraus. Der *Stern* brachte die Fotos in seiner nächsten Ausgabe, und Kunzelmann wurde noch ein bisschen berühmter.

Kunzelmann wurde für seine große Klappe und sein Geltungsbewusstsein ebenso bewundert wie gehasst. In der Kommune I landete schließlich auch Albert Fichter. Er war der jüngere Bruder des SDS-Vorsitzenden Tilmann Fichter, der auf Konfrontation zu den Kommunarden gegangen war, weil diese die Autorität des SDS nicht anerkannten. Tilmann und Albert Fichter beschrieben

Dieter Kunzelmann in der Rückschau als Egomanen und Unruhestifter, als einen, der stets »die wunden Punkte seiner Mitkommunarden« erkannte und versuchte, sie damit zu erpressen. In der Kommune 1 lebten aber auch Freunde und Anhänger von Kunzelmann, wie etwa der gelernte Betonbauer Michael »Bommi« Baumann, der als sein »Lautsprecher« galt.

Palästina und »zwei, drei, viele Vietnam«

Seit dem Jahr 1965 war der Krieg in Vietnam zum beherrschenden Thema der Jugendbewegungen in zahlreichen europäischen Ländern und den USA geworden. Das Russell-Tribunal in Stockholm, das 1967 den Vietnamkrieg auf der Grundlage des internationalen Völkerrechtes – allerdings ohne institutionellen Auftrag – untersuchte, sprach die Vereinigten Staaten aufgrund ihrer Kriegsführung des Völkermordes schuldig. Beim Internationalen Vietnamkongress im Februar 1968, der maßgeblich von Rudi Dutschke organisiert worden war, solidarisierten sich rund 5000 Teilnehmer aus 14 Ländern mit dem vietnamesischen Widerstand, der als Teil der sozialistischen Weltrevolution begriffen wurde.

Der Kampf gegen den »US-Imperialismus« sollte nicht auf Vietnam beschränkt bleiben. »Schaffen wir zwei, drei, viele Vietnam« – diese Zeile von Che Guevara wurde zu einem Slogan des revolutionären Kampfes. Nach dem Willen der sozialistischen Bewegung war Palästina spätestens seit dem Sechstagekrieg, der im Juni 1967 kurz nach dem Tod von Benno Ohnesorg stattgefunden hatte, das europäische Vietnam. Dabei wurden weitgehend kritiklos die Argumente der palästinensischen Gegner des Staates Israel übernommen, die »Zionismus« mit »Faschismus« gleichsetzten. Auf die verstörende Tatsache, dass ausgerechnet Juden in diesem Szenario die neuen Nazis sind, ist vielfach hingewiesen worden. Möglicherweise erleichterte diese Konstellation jenen die Verdrängung der deutschen Schuld, die sich doch so obsessiv mit der Vergangenheit beschäftigten.

Die Solidarität der Studentenbewegung mit den Palästinensern erreichte im Jahr 1969 einen ersten Höhepunkt. Besonders zugewandt zeigte man sich der Fatah-Bewegung Jassir Arafats. Das Schlagwort »Fatah« taucht auf den Flugblättern und in den Zeitschriften der Szene immer wieder auf. An den Universitäten in Frankfurt, Köln, München und Berlin fand eine Kampagne gegen den israelischen Botschafter Ben-Nathan statt, bei der Transparente mit den Worten »Al Fatah bis zum Sieg« gehisst wurden. Zu dieser Zeit kam es auch zu ersten Reisen von SDS-Vertretern in Ausbildungslager der Fatah in Jordanien.

»Gewalt erzeugt Gegengewalt«

Die Kommune 1 verlor im Frühjahr 1968 ihren Humor. Auslöser dafür waren die Schüsse, die Josef Bachmann am 11. April 1968, einem Gründonnerstag, auf Rudi Dutschke abgab. Dutschke erlitt schwere Kopfverletzungen, an deren Spätfolgen er elf Jahre später starb.

Josef Bachmann war ein 23-jähriger Hilfsarbeiter, der

im rechtsextremen Milieu radikalisiert wurde. Über die konkreten Motive seiner Tat äußerte er sich nicht, aber er trug eine Ausgabe der rechtsradikalen *Deutschen Nationalzeitung* bei sich, in der Fotos von Rudi Dutschke zu einem Steckbrief montiert waren. Die Zeitung trug die Titelzeile: »Stoppt Dutschke jetzt! Sonst gibt es Bürgerkrieg«. Bei seiner Tat soll er Dutschke als »dreckiges Kommunistenschwein« beschimpft haben.

Rudi Dutschke war zwar unter anderem in der *Bildzeitung* zum Bürgerschreck stilisiert worden, aber das Attentat sorgte für Bestürzung weit über die Kreise der linken Studenbewegung hinaus. Dort allerdings war die Reaktion besonders heftig. Wie bereits Ohnesorgs Tod im Jahr 1967 lösten auch die Schüsse auf Rudi Dutschke eine weitere Radikalisierung aus.

Das galt etwa für Dieter Kunzelmann, der sich in seinen Memoiren mit dem Titel »Leisten Sie keinen Widerstand!« erinnert: »In jedem von uns war nach den Schüssen auf Rudi und durch den vergeblichen Ansturm auf ein System, das diese Schüsse möglich gemacht hatte, etwas zerbrochen.« Die Mitglieder der alternativen Szene konnten sich noch einmal darin versichern, in Notwehr zu handeln. Sowohl Benno Ohnesorgs Tod als auch die Schüsse auf Rudi Dutschke bewiesen, dass sie selbst die Opfer waren. In Frankfurt erklärte Theodor W. Adorno, die Studenten hätten »so ein wenig die Rolle der Juden übernommen«.

Bommi Baumann berichtet in seinen Erinnerungen daran, »wie alles anfing«, in der ihm eigenen umverblümten und schnodderigen Sprache von dieser Erfahrung, selbst »so ein wenig« die Juden zu sein: »Bis dahin sind se mit dem Polizeiknüppelchen gekommen oder es hat

Herr Kurras geschossen, aber hier fängt's an, gezielt werden Leute umgelegt, die allgemeine Hetze hat einfach ein Klima geschaffen, wo Du mit Späßchen nichts mehr erreichen kannst. Wo sie Dich sowieso liquidieren, ganz egal was Du machst. Bevor ich nun wieder nach Auschwitz transportiert werde, denn schieß ich lieber vorher, das ist doch wohl klar.«

Die Wut und die Gewalt richteten sich zunächst gegen die Blätter des Axel-Springer-Verlages, vor allem die *B. Z.* und die *Bildzeitung*, die für die Hetze gegen die Linken verantwortlich gemacht wurden. Ostern 1968 zog die Berliner APO mit Plakaten, Steinen und Molotowcocktails in Richtung des Springer-Hochhauses an der Kochstraße in Berlin. Die Brandsätze waren nicht zuletzt durch den dreiminütigen Dokumentarfilm »Wie baue ich einen Molotow-Cocktail?« des Filmstudenten Holger Meins zum Markenzeichen der Protestierenden geworden.

Die sogenannten »Osterunruhen« beschleunigten die Diskussionen über die Notstandsgesetze im Bundestag. Angesichts der Ereignisse einigten die Parlamentarier sich darauf, die Verfassungsänderung noch vor der Sommerpause zu beschließen.

Die Wielandkommune

Die Kommune 1 war nicht das einzige Kommunenexperiment in Berlin. In der Charlottenburger Wielandstraße etwa gab es eine Achtzimmerwohnung, die der linke Anwalt und spätere Innenminister Otto Schily einer Gruppe Kommunarden um Georg von Rauch zur Verfügung stellte. Im Lauf des Jahres 1968 verließ auch Bommi Baumann die K1, da ihm der dortige studentischintellektuelle Habitus missfiel. Er zog in die Wielandstraße, auf der Suche nach einer neuen Art von Kommune, »in der es keine Trennung zwischen Theorie und Praxis, von Kopf- und Handarbeit, von Reden und Handeln mehr geben durfte«. Die Wielandkommune war offen für die Berliner Subkultur, die Nichtakademiker, die sich aus der sogenannten Gammler-und-Drogen-Szene rekrutierten.

Die Drogen waren ein Bindeglied zwischen den Gammlern und der radikalen Studentenbewegung, die bald den Kern der gewaltbereiten anarchistischen Stadtguerilla bilden sollte. Zur großen Freude der radikalen Studenten schien die Kluft zwischen den Schichten durch den exzessiven Haschischkonsum überwunden zu werden.

Bommi Baumann und Georg von Rauch wurden Freunde. Allerdings führten die Widersprüche zwischen den Antiautoritären aus der Studentenbewegung und den »proletarischen« Gammlern rasch zu Konflikten. Diese traten etwa bei der Produktion der Raubdrucke zutage, mit denen die Wielandkommune einen Teil ihres Unterhalts bestritt. Die billigen, in roten Karton eingeschlagenen Bücher verkauften sie an den Berliner Universitäten – doch während es dabei den einen darum ging, etwa die Werke des Anarchisten Michail Bakunin massenhaft verfügbar zu machen, stand für die anderen die »ehrliche Arbeit« und weniger der Inhalt im Vordergrund. Bald bedrohte Georg von Rauch Bommi Baumann mit einem Küchenmesser, und Baumann flog raus.

Georg von Rauch und Bommi Baumann rauften sich
schnell wieder zusammen. Gemeinsam mit Dieter Kunzelmann, der in der K1 geblieben war, wurden sie nun zu
einer Art Keimzelle der Berliner militanten Szene, die
sich ab Januar 1969 den Namen »Zentralrat der umher-
schweifenden Haschrebellen« gab. Kunzelmann hatte
noch einmal seinen alten Sinn für Humor ausgepackt
und sich und seinen Freunden einen ebenso ironischen
wie einprägsamen Namen verliehen: Die »umherschwei-
fenden Rebellen« stammten von Mao, mit dem Begriff
»Zentralrat« verspottete Kunzelmann die zahlreichen
überinstitutionalisierten Gründungen kommunistischer
Parteien und K-Gruppen, die das Jahr 1969 prägten – und
das Haschisch behielt seine zentrale Rolle.

Zugleich legten die drei in Sachen Militanz zu und
planten für den Besuch des amerikanischen Präsidenten
Richard Nixon im Februar 1969 ein Bombenattentat. Die
Bomben dazu erhielten sie von »S-Bahn-Peter«. Peter
Urbach, der in den Kommunen ein und aus ging, Sani-
täranlagen und Fußböden reparierte, sich als Handwerker
unverzichtbar machte und die Bewegung überdies mit
Waffen, Drogen und Bomben versorgte, stellte sich später
als Informant und Provokateur des Verfassungsschutzes
heraus. Der Geheimdienst ebnete auf diese Weise einigen
Mitgliedern der Bewegung den Weg in die Illegalität, um
sie besser bekämpfen zu können. Auch wenn die Revolutionäre nur allzu bereit waren, diesen Weg tatsächlich zu
beschreiten, bleibt zu konstatieren: Die Politik des Verfassungsschutzes hat zumindest einen Anteil an der Ge-

walteskalation in der 68er-Bewegung. Bereits bei den Osterunruhen 1968 hatte Urbach Molotowcocktails verteilt,
die Bomben, die er nun beschaffte, sollten Nixon nicht
töten, sondern Aufsehen erregen: Ein defektes Zündkabel
verhinderte die Detonation. Dieser fehlerhafte Zündmechanismus war den Bomben, die S-Bahn-Peter in Umlauf
brachte, wohl von Anfang an eingebaut, vermutlich weil
der Verfassungsschutz am Ende nicht für ein blutiges Attentat verantwortlich sein wollte. Dennoch waren es diese
Provokationen, die der gewaltbereiten Linken die ersten
Bomben in die Hände spielte.

Einer der Sprengsätze, die Urbach vor dem Nixon-Besuch verteilt hatte, wurde nur wenige Tage später bei einer
»zufälligen« Razzia in der Kommune 1 gefunden. Die
Strategie des Verfassungsschutzes ging auf: Dieter Kunzelmann wurde verhaftet, kam jedoch im April 1969 wieder frei. Im Juni 1969 verließ er die Kommune 1 endgültig.

Die Haschrebellen hatten keinen festen Wohnsitz
mehr, sie zogen durch die Stadt und nächtigten mal
hier und mal dort. Im Frühjahr 1969 hatte auch Georg
von Rauch die Wielandstraße verlassen und tauchte nur
noch gelegentlich in der Kommune auf. Zu politischen
Feindbildern wurden der Berliner Senat und seine restriktive Drogenpolitik, was sich in regelrechten Straßenschlachten der Haschrebellen und ihrer Sympathisanten
mit der Polizei äußerte. Zudem kam es zu den ersten
antisemitischen Aktionen. So wurde am 5. April 1969
das in der APO-Szene beliebte Lokal »Zum Schotten«
verwüstet, nachdem es von einer jüdischen Geschäftsfrau übernommen worden war. Im Mai und im Juli 1969
begleiteten anonyme Angreifer ihre gewalttätigen Aktio-

nen gegen die »Scarlette-Bar« ebenfalls mit »antizionistischen« Parolen.

Zur Leib-und-Magen-Zeitung der Haschrebellen und zum Leitmedium der linken Szene in Berlin avancierte im Jahr 1969 die *Agit 883*, die der spätere Grünen- und PDS-Politiker Dirk Schneider, der 1975 von der Stasi als Inoffizieller Mitarbeiter angeheuert werden würde, in seiner WG in der Uhlandstraße herausgab. Bei der Zahl hinter dem programmatischen »Agit« handelt es sich um die ersten Ziffern von Schneiders Telefonnummer. Ein Jahr später sollte in dem Blatt die erste Erklärung der Roten Armee Fraktion erscheinen, im Sommer 1969 aber stand es ganz im Zeichen der Haschrebellen und ihrer Parolen: »Zerschlagt den Staat mit dem Joint in der Hand.«

In der *Agit 883* wurde auch zum »ersten Berliner Smoke-in« aufgerufen – und in der nächsten Ausgabe berichtete Georg von Rauch auf humorvolle Art von dem friedlichen Ereignis, zu dem nach seinen Angaben etwa 200 Kiffer erschienen waren. Im typisch ironischen Stil machte er sich über sich und Dieter Kunzelmann lustig: »Der Zentralrat hat auf seiner letzten ZK-Sitzung aufgrund der Forderungen der Massenbasis folgende Richtlinien beschlossen: (…) Haschkekse nicht in Mengen essen! Sonderbeschluss für Dieter K.: Joint nehmen, ziehen, sofort weitergeben!«

Diese satirischen »Richtlinien« entbehrten nicht jeder Grundlage, denn Georg von Rauch selbst war bei diesem ersten Smoke-in bewusstlos von der Polizei aufgegriffen worden. Er hatte dem Vernehmen nach zu viele Haschkekse gegessen.

Doch neben dem lustigen Treiben hatte die Drogenkampagne für die subversive Szene ihre Schattenseiten. Um dem notorischen Geldmangel zu entgehen, betätigten sich die »Haschrebellen« nicht nur als Konsumenten, sondern auch als Dealer. Dabei kam es immer wieder zu Konfrontationen mit jenen Händlern, die ihren Stoff ohne ideologischen Überbau verkaufen wollten.

Eine Drogenquelle war wiederum Peter Urbach. Der Verfassungsschutz drängte die Antiautoritären durch die Bereitstellung von Rauschmitteln nicht nur weiter in die Illegalität – zahlreiche Mitglieder der Berliner Subkultur gerieten an harte Drogen und in die Abhängigkeit, konnten verhaftet werden oder sagten unter Entzug gegen ihre Genossen aus. Der exzessive Drogenkonsum der Szene war somit im Sinn des Verfassungsschutzes und wurde nach Kräften gefördert. Die Haschrebellen, die den Drogenkonsum derart verherrlichten, wurden von Teilen der linken Bewegung umso heftiger kritisiert.

Nach Süden: das Knastcamp in Ebrach und die Reise nach Italien

In Berlin hatten die Haschrebellen also im Sommer 1969 einen zunehmend schweren Stand. Zudem wurde Georg von Rauch vom Bezirksamt Charlottenburg gesucht. Die Vorladungen gelangten über Umwege nach Kiel zu Georgs Frau Illo, die kaum mehr von ihrem Mann hörte und deshalb am allerwenigsten wusste, wo er sich aufhielt.

Auch Dieter Kunzelmann hatte allen Grund, Berlin zu verlassen: Er musste eine neunmonatige Haft wegen »Störung des Parlamentsfriedens« antreten. Deshalb kam die Einladung Fritz Teufels, einst Mitbegründer der KI, zu einem »Knastcamp« im fränkischen Örtchen Ebrach wie gerufen. Tommy Weisbecker »organisierte« den Bus des AStA der Technischen Universität, und in der *Agit 883* wurde für die Semesterferien die Parole ausgegeben: »Fahrt nicht gleich zu Vater, Mutter und dem Schatz/Fahrt nach Ebrach und macht Rabatz!«

In Ebrach sollte einerseits der dort inhaftierte Münchner Student Reinhard Wetter »befreit« werden, andererseits wollte man »die Unruhe aus den Städten in die Dörfer« tragen und so die Provinz für den revolutionären Kampf gewinnen. Der Enthusiasmus, mit dem sich die jungen Leute auf den Weg nach Ebrach machten, wirkte jedoch eher wie die Vorfreude auf eine Klassenfahrt: »fußballmannschaften bitte schon vorher bilden. einheitliches trikot mitbringen, es geht um den dieter kunzelmann pokal, der am 14. Geburtstag hat; geschenke mitbringen!«

Tatsächlich kamen linke Studenten aus dem gesamten Bundesgebiet, etwa aus Hamburg, aus Frankfurt und aus München. Aus Italien reisten die »Uccelli« an, die unter deutschen Linken für ihren »Volkskrieg« werben wollten. Vor Ort fielen sie vor allem durch eine spektakuläre Aktion auf: Sie kauften von einem örtlichen Bauern ein Schaf und sprühten ihm mit roter Farbe das Wort »Hund« auf den Körper, um die Hundetrupps der Polizei zu persiflieren.

Doch die »Sommerfrische« in Ebrach endete für alle Seiten unbefriedigend. Die Angehörigen der städtischen Subkulturen durften erleben, wie wenig man in der Provinz von ihnen und der Revolution hielt. Nachdem

39 »Chaoten« ins örtliche Landratsamt eingedrungen waren und ihrem Ärger über die folgende Verhaftung mit der Zerstörung der Gefängniszellen Luft gemacht hatten – Georg von Rauch trug ein weiteres Ermittlungsverfahren davon –, hetzten einige Schaulustige ihre Hunde auf die Freigelassenen. Zwei Personen wurden so schwer verletzt, dass sie ins Krankenhaus eingeliefert werden mussten. Die Politik bestärkte die fränkischen Bürger nach Kräften in ihrer Wut auf die städtischen Unruhestifter: Der CSU-Vorsitzende Franz-Josef Strauß telegrafierte an den bayrischen Ministerpräsidenten, die Linken »benehmen sich wie Tiere«, weshalb »die Anwendung der für Menschen gemachten Gesetze nicht möglich« sei.

Aber nicht nur die Behörden und die aufgebrachten Bürger, sondern auch die italienischen Genossen beschwerten sich über die Antiautoritären, und die *Agit 883* kam zu dem Urteil: »Ebrach: eine Sauerei.« Vielleicht entsprach diese traurige Bilanz der Sommerfrische-Aktion einer Tatsache, die Ulrich Enzensberger in der Rückschau konstatierte: »Es war, ohne dass es den Beteiligten bewusst war, ein gemeinsamer Abschied von der APO.«

Da Ebrach keine neuen Perspektiven eröffnet hatte und die Rückkehr nach Berlin vor allem für die Haschrebellen noch unattraktiver geworden war, traten etwa 20 Leute die Flucht nach vorne an. Wieder stiegen sie in den AStA-Bus und entfernten sich weiter von dem Leben in der Berliner Subkultur – nach Italien.

Auf ihrer Reise in den Süden lernten sie zahlreiche gastfreundliche und großzügige Genossen kennen, allerdings stellte sich bei den Deutschen häufig das Gefühl ein, nicht verstanden zu werden oder selbst nicht zu verstehen, was die Italiener vorhatten. So wurde schnell klar, dass Italien nur eine Etappe bleiben konnte. In dieser Situation entstand die Idee, nach Palästina zu fahren, zur Fatah-Bewegung.

Für die Gruppe um Georg von Rauch und Dieter Kunzelmann bedurfte es einer revolutionären Tat, um nach den Misserfolgen in Ebrach und Italien nicht mit schwarzen Segeln nach Berlin heimkehren zu müssen. Diese Reise sollte die Gruppe selbst, aber auch die Bedingungen der Rückkehr nach Berlin von Grund auf verändern. In einem Brief an einen in Berlin verbliebenen Mitstreiter konstatierte Georg von Rauch in ungewohnt ernsthaftem Stil das Scheitern der Italienexpedition und kündigte einen »Orient-Trip« an: »(El Fatah, Kurdistan + vielleicht noch weiter nach China)«. Für den Erfolg des Unternehmens war man auf Kontakte in die jeweiligen Länder angewiesen, so wurde etwa der Frankfurter SDS um Referenzen gebeten. Das besondere Interesse der Gruppe galt den »Ausbildungen«, die die Fatah-Bewegung anbot – und zwar vor allem, um »Terrorakte im Ausland« auszuführen.

Die Reise nach Palästina

Der Palästinafahrt schlossen sich aus der 20-köpfigen Gruppe der Italienfahrer schließlich nur Georg von Rauch, Ina Siepmann, Dieter Kunzelmann und Lena Conradt an. Albert Fichter, der inzwischen in Darmstadt wohnte und auch beim Knastcamp in Ebrach nicht dabei gewesen war, wurde als Fahrer engagiert, weil die anderen keinen Führerschein hatten. Für Fichter, dessen Erinnerungen uns neben den – teilweise abweichenden – Berichten Dieter Kunzelmanns am Verlauf der Reise teilhaben lassen, standen die unpolitischen Motive im Vordergrund: »Für mich war das vor allem ein Abenteuer.«

Nachdem sie den Bus des Berliner AStA in Italien mit Schlafgelegenheiten ausgestattet hatten, stand dem »Orient-Trip« nichts mehr im Wege. Doch die Reise wartete mit einer Reihe von unerfreulichen Zwischenfällen auf. Beim Überqueren der jugoslawisch-bulgarischen Grenze verlangten die Grenzbeamten, dass die Männer sich die Haare schneiden. Besonders schmerzhaft war der Verlust der langen Haartracht für das »Lockenköpfchen« Georg von Rauch. Lange Haare waren vor allem für die männlichen Mitglieder der Studentenbewegung mehr als nur eine Mode, sie waren Ausweis ihrer Identität als Revolutionäre. Der Zwangshaarschnitt durch mitleidlose Grenzbeamte – zumal Beamte eines sozialistischen Staates – bedeutete eine besondere Demütigung.

Desillusioniert vom bulgarischen Sozialismus reisten die fünf umgehend weiter in die Türkei. In Ankara bemühten sich die Palästinareisenden um die notwendige politisch-historische Bildung, indem sie in der Bibliothek des Goethe-Instituts alle vorhandenen Bücher über die Geschichte Israels und den Konflikt im Nahen Osten klauten.

In Amman wurden die Reisenden gastfreundlich aufgenommen und trafen auf Fatah-Prominenz. Sogar Jassir Arafat gab sich die Ehre, den Haschrebellen Georg von Rauch und seine Freunde zu begrüßen. Danach wurden die Reisenden in ein Ausbildungslager gebracht, wo politische Schulungen und praktisches Training an der Waffe auf sie warteten.

Die europäischen Antiimperialisten begegneten den Palästinensern trotz ihres eilig am Mittelmeerstrand angelesenen Wissens über den Nahostkonflikt mit einiger Naivität. So verwundert es nicht, dass die Berliner Reisegruppe die Fatah-Sichtweise quasi eins zu eins übernahm. Zudem scheint der koloniale Blick der Reisenden auf den Orient, den sie mit europäischen Interessen, ohne Kenntnisse der lokalen Sprachen und mit einem hemmungslosen Exotismus erkundeten, in den Erinnerungen Kunzelmanns immer wieder auf. Bei ihm dominiert die Begeisterung für das Wüstenabenteuer und die Begegnung mit Land und Leuten, und so eigneten die Berliner Studenten sich mit touristischem Eifer die fremden Sitten und Gebräuche an. Besonders Georg von Rauch übertrieb in seinem Willen zur Anpassung: »Bei den gemeinschaftlichen Abendessen, nach arabischer Sitte auf dem Boden sitzend und mit den Fingern speisend, eine äußerst zivilisierte Form der Nahrungsaufnahme, verblüffte Georg alle mit einer artistischen Einlage: er konnte mit seinen Fußzehen essen, was ihm den Beifall und die Hochachtung aller Kämpfer eintrug.« Von Rauch, der sich auch beim militärischen Training hervortat, avancierte zum Helden dieser Reise, Kunzelmann beschreibt ihn in seinem Bericht als eine Art Old Shatterhand – oder, passender, Kara Ben Nemsi. Sich selbst weist Kunzelmann selbstironisch die Rolle von Sam Hawkins zu: »Bei meinen Schießübungen bestand nicht nur für mich, sondern auch für alle Umstehenden allerhöchste Gefahr. Nur die beiden

Frauen und Georg glänzten im Umgang mit Waffen.« Die Bemerkung, dass Ina Siepmann und Lena Conradt ebenfalls an der Waffe brillierten, unterläuft dabei die traditionellen Vorstellungen davon, dass Waffenhandwerk »Männersache« sei, und öffnet den Blick auf die ambivalente Rolle der Frau in der 68er-Bewegung, die einerseits vom Machismo geprägt war, der sich andererseits aber neue Freiräume eröffneten.

Spätestens bei der Beschreibung der Schießübungen wird außerdem deutlich, wie sehr Georg von Rauch darauf brannte, selbst zu kämpfen und eine Waffe in die Hand zu nehmen. Auch Albert Fichter, der von Kunzelmann in seinen Erinnerungen ignoriert wird, erinnert sich an seine Erfolge beim Schießen. Obwohl die Berliner nur relativ kurz im Camp blieben – Fichter hatte den Eindruck, man wollte sie schnell wieder loswerden – wurden sie in dieser knappen Zeit gezielt dazu ausgebildet, bewaffnete Aktionen »in den Metropolen, in Berlin und anderswo auszuführen«.

Nach der militärischen Ausbildung kehrte die Gruppe nach Amman zurück, wo man sie das Polittourismus-Programm absolvieren ließ: Sie besuchten Flüchtlingslager, Schulen oder Krankenhäuser, in denen die Opfer der militärischen Auseinandersetzungen mit dem Staat Israel behandelt wurden. »Bei einem Besuch in einem Krankenhaus der PLO sah ich erstmals Napalm-Opfer von israelischen Luftangriffen und mußte ohnmächtig ins Freie getragen werden«, erinnert sich Kunzelmann.

Die Einblicke, die den Deutschen auf ihrer Rundreise geboten wurden, waren dazu angetan, Empathie mit den Palästinensern zu wecken – und sie verfehlten diesen

Zweck nicht. Die Gruppe identifizierte sich so sehr mit den Anliegen der PLO, dass bei einigen der Gedanke aufkam, den Palästinensern vor Ort zu helfen. Letztlich war die ausgebildete Apothekenhelferin Ina Siepmann die Einzige in der Gruppe, die nicht nur über Fähigkeiten verfügte, die in Jordanien von Nutzen sein konnten, sondern auch die Bereitschaft aufbrachte, mit ihrem alten Leben zu brechen und in Amman zu bleiben. Bald hatte sie allerdings mit kulturellen Anpassungsproblemen zu kämpfen und klagte in einem Brief an ihre Berliner Freunde, »dass es so gut wie unmöglich ist, für Leute unserer Art hier zu leben. Und ich bin frustriert, dass das so in einer revolutionären Bewegung ist.«

Trotz des gemeinsamen revolutionären Pathos gingen die Vorstellungen der Berliner APO-Anhänger und der palästinensischen Widerstandskämpfer weit auseinander. Auch deshalb wuchs in der Gruppe der Wunsch, nach Berlin zurückzukehren. Lena Conradt wählte das Flugzeug, die drei Männer machten sich am 22. Oktober 1969, einen Tag nachdem Willy Brandt in Bonn zum ersten sozialdemokratischen Bundeskanzler der Bundesrepublik Deutschland gewählt worden war, auf den Weg nach Berlin. Sie bestiegen wieder ihren Bus und fuhren über Aleppo entlang der Mittelmeerküste nach Istanbul zurück. »Auf dieser Fahrt«, so schreibt Dieter Kunzelmann, »vorbei an Kreuzritterburgen, Moscheen und griechischen Theatern entstand erstmals die Idee, bei unserer Ankunft in Berlin nach dem Vorbild südamerikanischer Großstädte eine Stadtguerilla-Gruppe aufzubauen: die Tupamaros West-Berlin.«

»Die Palästinaleute hatten in dem Augenblick, als sie wiederkamen, nichts außer ihrem Willen zu kämpfen, auch keine müde Mark, keine Wohnung in Berlin, wirklich nichts. Wir waren der innerste Kreis, der als einziger Zugang zu ihnen hatte. Sie waren, als sie wiederkamen, nur noch für ein paar Leute zu sprechen. Sie hatten kurze Haare, falsche Pässe, und waren eben quasi als Fremde wiedergekommen.«

So erlebte Bommi Baumann Anfang November 1969 die Rückkehr von Albert Fichter, Georg von Rauch und Dieter Kunzelmann nach Berlin. Auch Deutschland hatte sich verändert. Unter der neuen sozialliberalen Koalition wollte man, zum Ärger der christdemokratischen Opposition, »mehr Demokratie wagen«. Anderes war gleich geblieben: Am 3. November 1969 schrieb die alleinerziehende Illo von Rauch verzweifelt an die Anwälte ihres Mannes in Berlin. Nicht genug damit, dass sie keine Unterstützung von ihm erwarten konnte, stattdessen gingen allerlei Mahnungen bei ihr ein, und sie fürchtete, für Georgs fragwürdige politische Aktionen zur Rechenschaft gezogen zu werden.

Aber Georg von Rauch hatte nach seiner Abenteuerreise anderes im Sinn, als sich um Frau, Kind und unbezahlte Rechnungen zu kümmern. Ihm ging es darum, den revolutionären Kampf auf eine Weise voranzutreiben, die weit über die Straßenschlachten der Haschrebellen hinausging. Aus den Haschrebellen sollten Tupamaros werden, die für die Befreiung Palästinas und aller Unterdrückten eintraten. Und dieser bewaffnete Kampf sollte sofort beginnen. Die drei bezogen eine Wohnung am Nollendorfplatz, wo Georg von Rauch und Dieter Kunzelmann sich daranmachten, konkrete Pläne zu schmieden. »Immer öfter haben sie auf die ›Scheißjuden‹ geflucht«, erinnerte sich Albert Fichter.

Das Ergebnis der Planungen der Tupamaros und damit die erste Aktion nach ihrer Rückkehr war der Anschlag auf das Jüdische Gemeindehaus am 9. November. Die Bombe, die sie dazu verwendeten, kam von Peter Urbach – wahrscheinlich war es eine von denen, die bereits beim Besuch von Richard Nixon an der Wegstrecke platziert worden und schon bei dieser Gelegenheit nicht detoniert waren. Fichters Einschätzung nach wurde er als Bombenleger ausgewählt, weil Dieter Kunzelmann ihm nicht traute. Durch seine aktive Beteiligung an dem Attentat sollte er an die Gruppe gebunden werden und »die Klappe halten«. In der Rückschau gab er zu Protokoll, dass er nicht gewusst habe, was der 9. November für ein Tag war. Angesichts der Gedenkfeier, bei der die Bombe hochgehen sollte, wirkt das nicht gerade glaubwürdig. Georg von Rauch und Dieter Kunzelmann unterschätzten die Bedeutung des Datums ganz sicher nicht – das Bekennerschreiben nimmt deutlich auf die von ihnen so genannte »Kristallnacht« Bezug.

Die Rekonstruktion der Ereignisse, die zu diesem Bombenattentat führten, zeigt die Radikalisierung der Studentenbewegung seit Juni 1967. Die Konflikte mit den Gesetzen, die sowohl durch die Aktivitäten des Verfassungsschutzes als auch durch den zunehmenden Drogenkonsum der Haschrebellen und die »politischen« Aktionen eskalierten, verringerten die Spielräume für die jungen Leute in der Berliner Subkultur und forcierten eine Flucht nach vorne. Als solche war auch die Palästinafahrt eher zufällig. Sie war eher ein willkürlicher Ausweg aus der Frustration als eine bewusste Entscheidung für den Kampf um die Sache der Palästinenser. Die ideologische Hinwendung zum Antizionismus der Fatah und zu dem ihm immanenten Antisemitismus war in den politischen Diskursen der 68er-Bewegung zwar bereits präsent. An Relevanz für das eigene Leben gewann dieser Kampf für Albert Fichter, Georg von Rauch und Dieter Kunzelmann aber erst durch die Reise. Die Unmöglichkeit, in den Berliner Alltag zurückzukehren, erklärt zugleich, warum ein Leben im Untergrund und Gewalt als Kampfstrategie als gangbare und sogar verheißungsvolle Alternativen erschienen. In diesem Moment war es zudem verhängnisvoll, dass eine der Bomben, die der Verfassungsschutz den ehemaligen Kommunarden im Januar 1969 in die Hände gespielt hatte, den zum Äußersten entschlossenen Tupamaros Westberlin zur Verfügung stand. Zum Glück für die Teilnehmer der Gedenkveranstaltung am 9. November war der Zünder nicht dafür vorgesehen gewesen, tatsächlich zu zünden. An der Gewaltbereitschaft der Tupamaros Westberlin ändert das freilich nichts.

Die Reaktionen und die Legende des Georg von Rauch

Viele Linke distanzierten sich von der Bombe im Jüdischen Gemeindehaus. Die in Frankreich lebende Beate Klarsfeld, die in Deutschland wegen der Ohrfeige, die sie dem CDU-Bundeskanzler und ehemaligen NS-Funktionär Kurt Georg Kiesinger verpasst hatte, zu einiger Berühmtheit gelangt war, schrieb dem Gemeindevorsitzenden Heinz Galinski ein Telegramm: »Das auf die Jüdische Gemeinde Berlin geplante Attentat ist so widerwärtig, daß es die Täter auf die gleiche Stufe stellt wie die SA und SS. Ich und meine Freunde der APO, die wir überzeugt sind, daß es eine gerechte Lösung im Nahen Osten nur geben kann, wenn die Araber die Existenz des Staates Israel anerkennen, erklären uns mit Ihnen solidarisch.« Klarsfeld bewies, dass es in den Reihen der APO durchaus Menschen gab, die keinen grundsätzlich antizionistischen und antijüdischen Standpunkt vertraten. Offiziell betonte die Bundesregierung unter Willy Brandt ohnehin die Solidarität mit Israel und ein besonderes Bekenntnis zur deutschen Schuld gegenüber den Juden. Nicht zuletzt Brandts Kniefall vor dem Ehrenmal des Warschauer Gettos am 7. Dezember 1970 sollte dies bezeugen.

Die Tupamaros aber ruderten angesichts dieser ablehnenden Reaktionen keinesfalls zurück, sondern sie drehten die Schraube des Antizionismus mit einem »Bekenner-Tonband« noch eine Runde weiter: »Die Bombe im Jüdischen Gemeindehaus hat gezündet. Berlin dreht durch, die Linke stutzt ... Springer, Senat und die Galinskis wollen uns ihren Judenknacks verkaufen.«

Doch nicht nur mit diesen Beschimpfungen der deutschen Juden, vor allem in der Person des Holocaustüberlebenden Heinz Galinski, sondern auch mit Taten untermauerten die Tupamaros ihre antisemitische Haltung. Am 12. Dezember 1969 bekannten sie sich zu einem Anschlag auf das Büro der israelischen Fluggesellschaft El Al im Europacenter, am 20. Dezember übernahmen sie die Verantwortung für einen Bombenanschlag auf das KaDeWe. Zu Weihnachten schickten die Tupamaros Briefe an 18 Pfarrer und forderten diese auf, in ihrer Weihnachtspredigt Stellung zu den Ereignissen in Palästina zu nehmen. Im Falle des Totschweigens könne »für die Sicherheit der Kirche nicht garantiert werden«. Unterzeichnet waren diese Drohbriefe von der »Palästinafront der Tupamaros Westberlin«.

Noch im Jahr 1969 floh Albert Fichter mithilfe seines Bruders Tilmann nach Schweden. Erst 30 Jahre später bekannte er sich dazu, die Bombe im Jüdischen Gemeindehaus gelegt zu haben. Die Polizei kam nie auf die Spur der Tupamaros. Bereits im Februar 1970 wurden Georg von Rauch, Bommi Baumann und Tommy Weisbecker, der schon den Bus für die Fahrt über Ebrach und Italien nach Palästina organisiert hatte, bei einem Überfall auf den *Quick*-Reporter Hans Rieck festgenommen. Nach Georg von Rauchs Freilassung ging der Terror weiter. Dieter Kunzelmann wurde im Juli verhaftet. Im August 1970 kooperierte die Gruppe um Georg von Rauch bei der Durchführung einer Serie von Banküberfällen mit der Roten Armee Fraktion, die seit der Befreiung Andreas Baaders wenige Monate zuvor in der Öffentlichkeit berüchtigt war. Im Anschluss daran wurde von Rauch im Herbst 1970 erneut gefasst und inhaftiert. In einem Brief an seine Tochter, die er 1967 bei seiner Frau zurückgelassen hatte und um die er sich während seiner Zeit als Haschrebell, seiner Reise nach Ebrach, Italien und Palästina, sowie während seiner gewaltsamen Aktionen mit den Tupamaros Westberlin nie gekümmert hatte, schrieb er nun aus dem Gefängnis: »Mich haben sie ins

Gefängnis gesteckt ... sie wollen, dass wir aufhören davon zu reden, dass die Welt viel schöner sein kann. Denn wir Menschen sollten nicht gegeneinander sein, sondern wir wollen alle zusammen sein und schöne Sachen machen«

Bei seiner Verhandlung am 9. Juli 1971 gelang ihm aufgrund eines Rollentausches mit seinem Mitangeklagten Tommy Weisbecker, der freikommen sollte, eine spektakuläre Flucht. Seit diesem Zeitpunkt wurde er per Steckbrief gesucht und lebte im Untergrund.

Georg von Rauch begriff sich trotz der vorübergehenden Kooperation im August 1970 nicht als Mitglied der von den Behörden damals sogenannten »Baader-Meinhof-Gruppe«, aber die Tatsache, dass er mit dieser zusammen gesucht wurde, dürfte den Fahndungsdruck verstärkt haben. Das hat möglicherweise zu dem Schusswechsel mit der Polizei geführt, bei dem von Rauch am 4. Dezember 1971 in der Eisenacher Straße tödlich getroffen wurde.

Nach seinem Tod hielt sich hartnäckig das Gerücht, dass er von der Polizei ermordet worden war. Die Linke hatte mit Georg von Rauch ein neues Opfer. Der Berliner Verleger Klaus Wagenbach wurde für die Worte vom »Mord an Georg von Rauch« gerichtlich belangt, woraufhin sich Heinrich Böll und Erich Fried mit ihm solidarisierten. Wagenbach veröffentlichte ein Buch über »Die Erschießung des Georg v. Rauch« mit Texten von Böll, Fried, Rudi Dutschke, Otto Schily und anderen.

Bommi Baumann kritisierte diese Solidarisierung – allerdings nicht, weil er wegen der antisemitischen Anschläge Skrupel gehabt hätte. Ihm ging es darum, »dass die Linke davon ausgeht, Georg hätte überhaupt nicht gezogen. Die Linke hat aus ihm einen christlichen Märtyrer gemacht, ein richtiger christlicher Humanitätstrip rollt da ab. Der Typ war er nicht, er war genau der Typ, der gesagt hat, klar wir schießen. Wir haben die Knarre dabei gehabt, damit wir nicht mehr verhaftet werden.«

Tatsächlich entfaltete das Bild von Georg von Rauch als christlicher Märtyrer eine Wirkung weit über die Kreise der Linken hinaus. Georg von Rauch flog nach seinem Tod das Mitgefühl vieler Menschen aus den unterschiedlichsten Bevölkerungsschichten zu. Selbst der Pfarrer, der ihn beerdigte, solidarisierte sich mit ihm und seinen Freunden. Wie so viele betrauerte er den Toten als Opfer polizeilicher Willkür.

Bei seiner Wut über die Stilisierung Georg von Rauchs zum christlichen Märtyrer übersah Bommi Baumann jedoch, dass er selber zum Mythos »Georg von Rauch« beitrug. Auch er machte ihn zum Märtyrer – zum politischen: »Der Bruder ist im Kampf gefallen, für die Sache, für die die Leute mit den roten Fahnen alle auf die Straße gehen, dafür ist der im Kampf gefallen, mit der Waffe in der Hand. Als solchen sollen sie ihn sehen und nicht als christlichen Märtyrer.«

Silvester 1971/72 trafen sich in Berlin einige von Georg von Rauchs alten Freunden und Weggefährten. Sie waren bereit, gegen den Staat, der Georg umgebracht hatte, Gewalt auszuüben und gründeten die terroristische Gruppe »Bewegung 2. Juni«, benannt nach dem Todestag ihres ersten »Märtyrers« Benno Ohnesorg.

In der linken Subkultur lebte das Bild Georg von Rauchs als politischer Kämpfer, der mit der Waffe in der Hand gestorben ist, ohnehin fort: Schon am 8. Dezember

1971, vier Tage nach seinem Tod, hatte an der TU Berlin ein Teach-in stattgefunden, an dem die Umstände der Schießerei in der Eisenacher Straße diskutiert wurden. Im Anschluss zogen etwa 300 Leute zum Kreuzberger Mariannenplatz und besetzten dort das ehemalige Schwesternwohnheim des Bethanien-Krankenhauses. Seitdem heißt dieses besetzte Haus Georg-von-Rauch-Haus, das durch den Rauch-Haus-Song der Band Ton Steine Scherben berühmt wurde. Ein Lied, das bis heute von vielen mitgesungen wird, ohne dass sie wissen, dass Georg von Rauch einer der Planer des Bombenanschlags auf das Jüdische Gemeindehaus am 9. November 1969 war.

Zum Weiterlesen

Bommi Baumann: Wie alles anfing, München 1975.

Christina von Hodenberg: Das andere Achtundsechzig. Gesellschaftsgeschichte einer Revolte, München 2018.

Wolfgang Kraushaar: Die Bombe im Jüdischen Gemeindehaus, Hamburg 2005.

Dieter Kunzelmann: Leisten Sie keinen Widerstand! Bilder aus meinem Leben, Berlin 1998.

»... und der Entschluss,
die Knarre in die Hand zu nehmen.«

Der Tod des RAF-Terroristen
Holger Meins am 9. November 1974

Als der Rechtsanwalt Siegfried Haag am Samstag, dem
9. November 1974, am Vormittag in die Justizvollzugsanstalt (JVA) Wittlich kam, um Holger Meins zu besuchen,
teilten die Beamten ihm mit, dass dieser nicht mehr laufen könne. Haag verlangte dennoch, seinen Mandanten
zu sehen, der sich bereits seit dem 13. September im Hungerstreik befand und dessen Zustand sich allem Anschein
nach bedrohlich verschlechtert hatte. Zunächst hatte er
keinen Erfolg. Die Anstaltsleitung sei am Wochenende
ebenso wenig im Haus wie ein Arzt, hieß es. Haag verließ
die JVA, obwohl er befürchtete, dass man ihn kein zwei-
tes Mal einlassen würde. Draußen war es kalt und düs-
ter. Von einer Telefonzelle aus versuchte er, den zuständigen Richter anzurufen. Kleingeld musste er in einem
Café wechseln. Er war hektisch und voller Angst, dass
ihm die Zeit davonlaufen würde. Doch er erreichte sein
Ziel: Zwei Stunden später wurde Holger Meins auf einer
Bahre in den Besuchsraum getragen. Aufgrund des trü-
ben Novemberwetters war es in dem kahlen Zimmer bereits dunkel. Meins hatte zahlreiche Unterlagen bei sich,
die er Siegfried Haag übergeben wollte. Vor allem aber

wollte er ihm seinen ausgezehrten Körper zeigen. Holger Meins hatte Rollen von Toilettenpapier zwischen Haut und Hose gestopft, damit der Gürtel nicht auf seiner wunden Haut scheuerte. Siegfried Haag sah, dass der Zustand seines Mandanten überaus ernst war. Als er den Besuch beenden wollte, flüsterte Holger Meins: »Geh noch nicht!« Doch Haag war in Panik. Er wusste nicht, dass der Tod in den nächsten Stunden eintreten würde, aber dass er bevorstand, daran hatte der Anwalt keinen Zweifel. Dieser Situation war er nicht gewachsen. »Ich habe es nicht mehr ausgehalten, neben einem zu sitzen, dem es so dreckig ging«, erinnerte er sich später. Er antwortete dem sterbenden Holger Meins: »Es ist bald drei, ich muss gehen, sonst schaffe ich das nie, dass noch der Arzt kommt.«

Tatsächlich versuchte Haag, nachdem er Holger Meins in der JVA zurückgelassen hatte, noch Maßnahmen zu ergreifen, um das Leben seines Mandanten zu retten. Er ging abermals in die Telefonzelle und diktierte seinen Kollegen, die in der Stuttgarter Kanzlei des als »Terroristenanwalt« berüchtigten Klaus Croissant zusammensaßen, ein Schreiben an den zuständigen Richter Prinzing. Klaus Croissant machte sich auf den Weg zu Prinzings Haus, um ihm Haags Schreiben persönlich zu übergeben. In dem Schriftsatz ging Haag auf Konfrontation. Er bezeichnete Meins' Behandlung im Jargon der Roten Armee Fraktion (RAF) als »Vernichtungshaft« und beschrieb die Lage schonungslos: »Holger MEINS wiegt weniger als 42 kg, kann nicht mehr gehen, kann kaum noch sprechen. Er stirbt. In höchstens 2 Tagen wird er tot sein.« Haag wies dem Richter die Verantwortung für die körperliche Verfassung seines Mandanten zu: »Tatsache ist, dass bei

Holger Meins die Vernichtungshaft durch langsames Ver-
hungernlassen auf seinen Tod abzielt.« Abschließend forderte er den Richter auf, einen Vertrauensarzt zuzulassen.
Doch Prinzing reagierte nicht auf diese Forderungen.

Möglicherweise hätte Siegfried Haag eher Erfolg gehabt, wenn er einen anderen Ton angeschlagen hätte. Aber
sein Schreiben war nicht dazu angetan, den Richter zum
Einlenken zu bringen. Sein Stil entspricht der unerbittlichen Haltung, mit der die Verteidiger der RAF-Terroristen und die Vertreter des Staates einander begegneten.
Einige Anwälte empfanden sich längst in ähnlicher Weise
als Gegner des Staates und seiner Institutionen wie jene,
die sie vertraten. Siegfried Haag wurde 1975 selbst verhaftet und tauchte nach seiner Freilassung unter. Er war zu
diesem Zeitpunkt bereits Mitglied der RAF und plante
die Besetzung der Deutschen Botschaft in Stockholm im
April 1975 durch das »Kommando Holger Meins«. Holger Meins, den Haag am 9. November 1974 nicht retten
konnte, sollte durch die Geiselnahme erinnert und gege-
benenfalls gerächt werden.

Haags Brief, den er am 9. November 1974 per Telefon
diktiert hatte, war in seiner Begrifflichkeit genauso un-
nachgiebig und unversöhnlich, wie Holger Meins es von
seinen Mitstreitern – ausgerechnet unter der Überschrift
»Methode Mensch« – gefordert hatte:

> »kein wort zu den pigs, in welcher verkleidung
> sie auch immer ankommen, vor allem: ärzte.
> (…)
> natürlich auch keine einzige handreichung,
> keinen finger für die krumm machen (zb

besuchsausziehen), nichts, nur feindschaft
und verachtung.
(...)
aber sich unversöhnlich unerbittlich BIS
ZUM ÄUSSERSTEN VERTEIDIGEN mit der
methode MENSCH.«

Da er in Wittlich nichts mehr tun konnte, ging Haag zu seinem Wagen und machte sich auf den Heimweg. Auf einer Autobahnraststätte hielt er an, um zu schlafen. Als er aufwachte, war sein Auto eingeschneit. In Stuttgart angekommen, fuhr er zunächst in die Kanzlei von Croissant. Da erfuhr er es von einer Sekretärin: »Der Holger ist tot.« Holger Meins starb am 9. November 1974 in der JVA Wittlich, allein, umgeben nur von jenen, die er »pigs« nannte.

Leben und Film

Holger Meins wurde am 26. Oktober 1941 in Hamburg geboren. Sein Leben lässt sich aus zahlreichen Texten und Gesprächen rekonstruieren, die der Filmemacher Gerd Conradt geführt und im Jahr 2001 unter dem Titel »Starbuck. Holger Meins« als Film und Buch veröffentlicht hat. Conradt kannte Holger Meins aus der gemeinsamen Zeit an der Deutschen Film- und Fernsehakademie in Berlin, an der beide im Herbst 1966 ihr Studium aufgenommen hatten und an der sie Teil der Studentenbewegung wurden. Die Filmstudenten beteiligten sich etwa an den Protesten gegen den Schah am 2. Juni 1967. Ihr Kommilitone

Thomas Geifer hatte seine Kamera dabei und drehte den Film »Berlin, 2. Juni 1967« über die Auseinandersetzungen mit der Polizei und den Tod von Benno Ohnesorg. Es war ein Versuch, eine »Gegenöffentlichkeit« zur Berichterstattung in den Medien, vor allem in der sogenannten »Springerpresse«, herzustellen.

Denn im Verlagshaus Springer und vor allem in seinen Boulevardzeitungen wie der *Berliner Zeitung* (*B. Z.*) oder der *Bildzeitung* sahen viele Angehörige der APO ihre politischen und gesellschaftlichen Gegner. Mit reißerischen Schlagzeilen hetzte man dort gegen die linke Studentenbewegung, gegen alternative Lebensentwürfe oder schlicht gegen lange Haare bei Männern. Man verstand sich als Sprachrohr der »anständigen Bürger« und wurde für diese aggressive Stimmungsmache mit riesigen Auflagen belohnt. Im Winter 1967/68 arbeitete Holger Meins an der Vorbereitung des »Springer-Tribunals« mit, dessen wesentliches Anliegen es war, die »Springerpresse« der »Volksverhetzung« zu überführen. Für die Studentenbewegung lag die Agenda der Zeitungen auf einer Linie mit dem Völkermord in Vietnam.

Bei der Veranstaltung zeigte Holger Meins seinen dreiminütigen Stummfilm »Herstellung eines Molotow-Cocktails«. In dem heute verschollenen Film wurde gezeigt, wie mithilfe einer leeren Flasche und eines Benzin-Öl-Gemisches eine Brandbombe hergestellt wird. Der »Molotow-Cocktail«, der nach dem sowjetischen Außenminister während des Zweiten Weltkriegs benannt ist, wurde im sowjetisch-finnischen Winterkrieg von finnischen Soldaten beim Kampf gegen die Panzer der zahlenmäßig weit überlegenen Roten Armee einge-

setzt. Ein Stück Stoff wird als Docht in den Flaschen-
hals gestopft, entzündet – und auf ein beliebiges Ziel
geschleudert: In dem Film geht ein Auto in Flammen
auf, die letzte Einstellung zeigt das Springer-Hochhaus
in der Kochstraße. Die meisten Zuschauer beim Sprin-
ger-Tribunal bejubelten den Film, den sie als Aufforderung zur Gewalt gegen das Verlagshaus verstanden. Die
Organisatoren reagierten genau deshalb entsetzt, etwa
der Schriftsteller Peter Schneider: »Diese Aktion führte
dazu, dass alle, um die ich mich seit Monaten bemüht
hatte, von denen ich Zusagen und Geld bekommen hatte,
sofort absagten. Das war das Ende des ›legalen Arms‹ der
Springer-Kampagne.«

Zahlreiche Steine flogen in jener Nacht durch Scheiben von Zweigstellen des Axel-Springer-Konzerns an
unterschiedlichen Orten in Berlin. Das splitternde Glas
erinnerte *Bildzeitung* und *B. Z.* an die »Kristallnacht«. Die
Journalisten der sogenannten »Springerpresse« konnten
der Versuchung nicht widerstehen, die Steinwürfe gegen
das eigene Verlagshaus und seine Filialen mit den brennenden Synagogen, den misshandelten und ermordeten
Menschen und den geplünderten Privatwohnungen in
der Pogromnacht am 9. November 1938 zu vergleichen. In
diesem Vergleich waren nun die Mitarbeiter des Springer
Verlags die Opfer des neuen Naziterrors, ebenso wie sich,
etwa nach dem Tod von Benno Ohnesorg, die Studenten
als Opfer einer faschistischen Gewaltherrschaft empfanden. Beide Reaktionen zeigen, wie rasch in den späten
1960er-Jahren in den verschiedenen Lagern politische
Gegner mit Nazivergleichen belegt und für die eigene
Position die Opferrolle reklamiert wurde. Ein Redakteur

forderte »Stoppt den Terror der Jung-Roten jetzt«, versah diese Überschrift mit einem Foto von Rudi Dutschke, dem in der Öffentlichkeit bekanntesten Protagonisten der Studentenbewegung, und schrieb dazu: »Man darf über das, was zur Zeit geschieht, nicht einfach zur Tagesordnung übergehen. Und man darf auch nicht die ganze Drecksarbeit der Polizei und ihren Wasserwerfern überlassen … Unsere Jung-Roten sind inzwischen so rot, dass sie nur noch rot sehen, und das ist gemeingefährlich und in einem geteilten Land lebensgefährlich. Stoppt ihren Terror jetzt!«

Als Rudi Dutschke wenige Wochen später, am 11. April 1968, angeschossen wurde, wirkte das auf Holger Meins und seine Mitstreiter wie eine Antwort auf diesen Aufruf. Am Abend bewarfen etwa 3000 Demonstranten das Verlagsgebäude mit Steinen und brennenden Fackeln, Holger Meins war einer von ihnen. Mit Molotowcocktails wurden die Lieferfahrzeuge des Springer Verlags in Brand gesetzt, um die Auslieferung der Zeitungen zu verhindern. So wurden die letzten Bilder aus Holger Meins' Film von der Realität eingeholt.

Ein »typischer 68er«?

In seiner Jugend war Holger Meins in der Kirche und bei den Pfadfindern aktiv gewesen. Er begeisterte sich für die Arbeit mit Kindern. Das Unrechtsbewusstsein, das den Erinnerungen seines Vaters zufolge schon früh sein Denken und Handeln geprägt hatte, spielte auch nach seiner Abwendung vom christlichen Glauben eine große Rolle.

Das Kunst- und bald darauf das Filmstudium, das er nach der Schulzeit aufnahm, verstand er als eine Möglichkeit, sich philosophischen, religiösen und politischen Fragen zu widmen. Als er 1969 in die Kommune 1 einzog, erlebten ihn Weggefährten als reflektiert und sensibel – besonders, was das im Zusammenhang mit der Studentenbewegung immer wieder diskutierte Geschlechterverhältnis betrifft.

Regine Dermitzel etwa weist auf Holger Meins' ruhigen und respektvollen Umgang mit Frauen hin: »Alles, was an Gleichheit und Respekt in den Bewegungen Kinderladen und Frauen postuliert worden ist, das hat Holger selbstverständlich gelebt. Er war feinfühlig und liebenswürdig. Wenn es Konflikte gab, hat er immer beide Seiten gehört.« Diese Haltung war in der Studentenbewegung alles andere als selbstverständlich, zahlreiche Frauen beschwerten sich damals und vor allem in der Rückschau über den Machismo in der 68er-Bewegung.

Holger Meins war in dieser Hinsicht nicht der typische 68er. Freunde erinnern sich daran, wie er in seiner Zeit in der Kommune 1 mit seiner Geschlechteridentität experimentierte: Er rasierte seinen Körper, kleidete sich in einen lilafarbenden Häkelanzug, trug hochhackige Schuhe, einen langen Pelzmantel und inszenierte seinen großen und hageren Körper als weiblich und verletzlich. Im Zeichen der Verletzlichkeit stand auch sein Verhalten auf Demonstrationen, wo er stets viel »einsteckte«, wohl weil er seinen Körper besonders zur Disposition stellte. Diese gebrochene Art der Körperlichkeit, die zwischen Macht und Ohnmacht changierte, übte eine große Anziehungskraft auf Frauen aus. So berichtete etwa eine Freundin aus dieser Zeit: »Holger habe ich in einer Kommune kennengelernt. Er kam plötzlich in Stöckelschuhen ins Zimmer. Dieser große und dünne Typ in Stöckelschuhen – das fand ich komisch. Ich hatte den Eindruck, er wusste, was er wollte. Da habe ich mir vorgenommen, den Mann näher kennenzulernen.«

»Freiheit für alle Gefangenen«

Zum 1. Mai 1970 veröffentlichte Holger Meins das Plakat »Freiheit für alle Gefangenen!«, auf dem eine stilisierte Distel zu sehen ist – die Blätter sind Patronen nachempfunden, das Innere der Blüte bildet eine Handgranate. Zwischen den Patronenblättern finden sich strahlenförmig die Namen zeitgenössischer militanter Widerstandsgruppen wie El Fatah, Weathermen, Vietcong, Black Panthers oder Tupamaros. Da sich nach der Letzten die Tupamaros Westberlin um Georg von Rauch und Albert Fichter benannt hatten, war die Berufung auf dem Plakat doppeldeutig: Es kam sowohl die kommunistische Guerillabewegung Uruguays als auch die Berliner Gruppe infrage, die sich im Jahr zuvor zu den Anschlägen auf das Jüdische Gemeindehaus und die El-Al-Filiale im Europacenter bekannt hatte. Das Plakat war auf vielen Demonstrationen zum 1. Mai 1970 präsent. Zwei Wochen später wurde der Drucker der Untergrundzeitschrift *Agit 883,* der das Motiv vervielfältigt hatte, verhaftet – nachdem am 14. Mai 1970 Andreas Baader und Ulrike Meinhof aus dem Fenster des Deutschen Zentralinstituts für soziale Fragen gesprungen waren, erfüllte das Plakat für die Behörden eindeutig den Straftatbestand der »Aufforderung zur Gefangenenbefreiung«. Bei dieser Aktion waren Schüsse gefallen, ein Institutsangestellter und ein Polizist wurden lebensgefährlich verletzt. Mit der Befreiung Baaders, der sich aufgrund der Brandstiftungen in zwei Kaufhäusern in Frankfurt am Main in Haft befand, war aus der renommierten linken Journalistin Ulrike Meinhof ein Mitglied des illegalen Untergrunds geworden. Sie befand sich von nun an auf der Flucht. Die sogenannte »Baader-Befreiung« gilt als die Geburtsstunde der RAF.

Am Abend dieses 14. Mai saß Holger Meins über einer Titelseite für die *Agit 883:* »Arbeiter zu den Waffen!« Das Bild, das er ausgesucht hatte, bezog sich auf den Januaraufstand 1919 in Berlin, der blutigen Folge der Revolution vom 9. November 1918, bei dem Mitglieder der Freikorps im Namen der revolutionären Regierung Friedrich Eberts alle politischen Kräfte links von der SPD brutal niederknüppelten und viele – unter anderen Karl Liebknecht und Rosa Luxemburg – brutal ermordeten. Holger Meins behauptete mit diesem Bild, dass die marginalisierten Gruppen am linken Rand der Gesellschaft – im Jahr 1918 waren das die kommunistischen Arbeiter, 1970 die linke Studentenbewegung – dieselben Gewalterfahrungen teilten und mit denselben gewaltsamen Mitteln reagieren mussten. Die Spartakisten rangen demnach ebenso wie die Studentenbewegung mit einer als repressiv und gewalttätig empfundenen Mehrheit um die politische Macht. Sowohl 1918 als auch 1970 repräsentierten ausgerechnet gemäßigte Sozialdemokraten diese Mehrheit, in den Tagen des Januaraufstands war dies Friedrich Ebert, seit 1969 Willy Brandt und ab 1974 Helmut Schmidt. In beiden Phasen führten linke Gruppen ihre Kämpfe nicht so sehr gegen eine tatsächlich reaktionäre und rückwärtsgewandte Regierung, sondern gegen eine, die selbst für Öffnung stand und, wie Willy Brandt es ausgedrückt hatte, »mehr Demokratie wagen« wollte.

Rote Armee Fraktion

Obwohl Ulrike Meinhof, Gudrun Ensslin und Andreas Baader seit dem denkwürdigen Tag im Mai 1970 untergetaucht waren und Holger Meins die Verbreitung der Schriften der RAF unterstützte, führte er sein Leben zwischen Kommune 1 und *Agit 883* zunächst weitgehend unbehelligt weiter. Seine damalige Freundin, die in den Gesprächen mit Gerd Conradt anonym bleibt, erinnert sich an einen gemütlichen Fernsehabend im Spätsommer 1970: »Eines Tages sitzen wir beim Fernsehen und gucken Tagesschau, das war damals Pflicht. Plötzlich gucken wir in Holgers Gesicht: Holger auf einem Fahndungsplakat! Da sind wir sofort auf und weg.« Was war passiert? Die Spur führt zu Ralf Reinders, einem Freund Georg von Rauchs, der im August 1970 gemeinsam mit der RAF eine Reihe von Banküberfällen beging. Ebenfalls im Spätsommer 1970 wollte Reinders mit ein paar Mitstreitern selbst gebaute Rohrbomben testen. Dafür benutzten sie das Auto von Holger Meins, allerdings ohne die Nummernschilder abzukleben. Ein amerikanischer Wachposten beobachtete die Aktion und notierte das Kennzeichen des Fahrzeugs. Da Meins sich nichts hatte zuschulden kommen lassen, stellte er sich nach einer Beratung mit seinem Anwalt

Hans-Christian Ströbele der Polizei. Diese nahm ihn für mehrere Wochen in Haft. Hans-Christian Ströbele erinnert sich an diese Phase im September 1970: »Die Haft hat Holger geschockt und beeindruckt. Er fühlte sich in seiner Auffassung bestätigt, auf so etwas nicht mehr mit rechtsstaatlichen Mitteln reagieren zu können.« Diese Erfahrung verarbeitete Holger Meins in einem Comic mit dem Titel »Reisst die Mauern ein. Holt die Menschen raus«. Mit der Ohnmacht der Gefängnisinsassen setzte er bereits ein Leitmotiv für den später typischen Ton der RAF. Nach der Verhaftung der prominenten ersten Generation sollten die RAF und ihre Unterstützer in ihren Schriften und Taten fast ausschließlich um die Themen Haftbedingungen und »Befreiung der politischen Gefangenen« kreisen.

Bald nach seiner Entlassung tauchte Holger Meins in die Illegalität ab und schloss sich endgültig der RAF an. Ab dem Frühjahr 1971 wurde er auf den damals allgegenwärtigen Fahndungsplakaten zusammen mit Ulrike Meinhof, Andreas Baader, Gudrun Ensslin, Jan-Carl Raspe und Ralf Reinders als »anarchistischer Gewalttäter« und Mitglied der »Baader/Meinhof-Bande« gesucht. Für Hinweise aus der Bevölkerung wurden 100 000 DM in Aussicht gestellt. Auf seinem Steckbrief macht Holger Meins den Eindruck eines zutiefst bürgerlichen Mannes in den mittleren Jahren, mit Hornbrille, Anzug, Krawatte, kurzen Haaren und Seitenscheitel. Die bewusste Zurschaustellung der Ambivalenz zwischen Stärke und Verletzlichkeit, die langen Haare, die Pelzmäntel und die Stöckelschuhe, all dieses konnte er während seiner Illegalität nicht mehr ausleben. So erinnerte sich auch seine Freundin an Holger Meins Stimmungslage in dieser Zeit:

»Ein Typ der supergut malen kann, der geile Filme macht, und dann permanent so eine sterile Situation, wo Du dich nur noch versteckst und verkleidest und aussiehst wie der letzte Trottel, gerade er, der nicht so ein Allerweltsgesicht hatte. Diese unkreative Situation, dieser Druck. Das ist nix für einen Künstler.« Doch auch wenn das Leben im Untergrund diese Anpassung notwendig machte, ist Holger Meins doch die am auffälligsten »unauffällige« Erscheinung auf dem Fahndungsplakat, auf dem immerhin 19 Personen abgebildet sind. Das Bild wirkt, als habe Holger Meins auch an diesem Rollenspiel eine gewisse Freude gehabt oder als habe er zumindest versucht, seine Figur perfekt zu inszenieren.

In dieser Phase machte die RAF durch Banküberfälle, Dokumenten- oder Autodiebstähle von sich reden, die dazu dienten, der Gruppe das Leben im Untergrund zu ermöglichen. Auch das Strategiepapier »Das Konzept Stadtguerilla«, das im April 1971 in Umlauf gebracht wurde, alarmierte die Öffentlichkeit. In der Folge kam es wiederholt zu Schusswechseln zwischen der Polizei und Mitgliedern der RAF, vor allem der bewaffnete Widerstand bei Verhaftungen führte zu Todesopfern auf beiden Seiten. Immer wieder hieß es in der Presse, Holger Meins sei an den Schießereien beteiligt gewesen, oft stellte sich später heraus, dass er nachweislich an einem anderen Ort gewesen war. Obwohl er ruhig und überlegt auftrat, zweifelte in der Gruppe niemand daran, dass auch er im Ernstfall konsequent zur Waffe greifen würde: »Holger hatte sich für den bewaffneten Kampf entschieden. Er war entschlossen sich im Falle einer Verhaftung den Weg freizuschießen – damit er den Kampf fortsetzen konnte.«

Die Aktionen der RAF und der Bewegung 2. Juni, die um die Jahreswende 1971/72 als Reaktion auf den Tod Georg von Rauchs gegründet worden war, erhöhten den Druck auf die sozialliberale Regierung unter Willy Brandt. Die oppositionellen Unionsparteien kritisierten im Verbund mit Teilen der konservativen Medien nicht nur die »neue Ostpolitik« als Kotau vor den Kommunisten in Osteuropa. Sie brandmarkten auch die »Kommunisten« im eigenen Land, die ihrer Ansicht nach den von Rudi Dutschke geforderten »Marsch durch die Institutionen« angetreten hätten und sich anschickten, die Bundesrepublik zu unterwandern. Der sozialdemokratische Ministerpräsident Nordrhein-Westfalens Heinz Kühn malte diese Befürchtungen in den schillerndsten Farben aus: »Ulrike Meinhof als Lehrerin oder Andreas Baader bei der Polizei beschäftigt, das geht nicht.« Die Regierung einigte sich deshalb mit weiten Teilen der Opposition am 18. Februar 1972 auf den sogenannten Radikalenerlass, mit dem die »Beschäftigung von rechts- oder linksradikalen Personen im öffentlichen Dienst« verhindert werden sollte. Dieser Beschluss war zwar sowohl gegen rechte als auch gegen linke Extremisten einsetzbar, wurde de facto aber ausschließlich gegen Menschen eingesetzt, die als »linksextrem« galten. Mit diesem Kompromiss, der bereits seit den 1960er-Jahren diskutiert wurde, wollten die sozialdemokratischen Außenpolitiker eine möglichst breite Zustimmung zu den »Ostverträgen« erreichen. Gegner der neuen Regelungen, die vielfach als »Berufsverbote« kritisiert wurden, fanden sich in allen gesellschaftlichen Schichten und vor allem in der Studentenbewegung, die sich dadurch zunehmend von der sozialliberalen Regierung entfremdete. Die Sozialdemokraten verzichteten darauf, die linke Bewegung in ihr Demokratisierungsprojekt einzubinden, und leisteten damit ihrer Radikalisierung Vorschub. Auch deshalb bezeichnete Willy Brandt den Radikalenerlass in der Rückschau als seinen größten Fehler.

Im Frühjahr 1972 verübte die RAF im Rahmen der »Mai-Offensive« mit insgesamt sechs Sprengstoffattentaten auf Einrichtungen der amerikanischen Streitkräfte in der Bundesrepublik erstmals politische Terroranschläge. Damit reagierte sie auf die Seeblockade der USA gegen Nordvietnam. Der Fahndungsdruck erreichte einen neuen Höhepunkt: 130 000 Beamte suchten nun nach den Verantwortlichen. Durch Hinweise aus der Bevölkerung wurde die Polizei schließlich auf eine Garage am Frankfurter Hofeckweg aufmerksam, in der Sprengstoff gelagert war. Am 1. Juni 1972 wurden Jan-Carl Raspe, Andreas Baader und Holger Meins beobachtet, wie sie gegen fünf Uhr morgens mit einem violetten Porsche zu der Garage fuhren. Jan-Carl Raspe wurde auf dem Weg in die Garage überwältigt, während Baader und Meins sich dort verschanzen konnten und sich eine Schießerei mit einem Großaufgebot der Polizei lieferten. Um 7.45 Uhr ergab sich Holger Meins. Auf Verlangen der Polizei entkleidete er sich bis auf die Unterhose und trat unbewaffnet vor die Garagentür, wo die Polizei ihn festnahm. Die Bilder des nackten, schreienden Holger Meins, der von Beamten gewaltsam abgeführt wird, dominierten an jenem Tag das Programm der ARD. Durch Zufall war ein Redakteur der *Tagesschau* auf die polizeiliche Großaktion in Eschersheim, in der Nähe des Hessischen Rundfunks, aufmerksam geworden und konnte seine Kollegen verständigen. Claudia von Alemann, die in den 1960er-Jahren eng mit Holger Meins an unterschiedlichen Filmprojekten zusammengearbeitet hatte und 1972 für den Hessischen Rundfunk drehte, erinnerte sich im Gespräch mit Gerd Conradt an diesen Tag: »Im Haus redeten alle nur von der Verhaftung. Die Bilder waren in jeder Sendung. Ich hatte Angst und Wut – weil ich Holger gut kannte, fühlte ich mich verletzt. Die waren stolz, dass sie das so hautnah mitgekriegt hatten. Das Haus vibrierte – ein riesiges Medienspektakel.« In der Tat war die Festnahme des nackten, hageren und verletzlich wirkenden Holger Meins, der den Protest gegen seine Verhaftung herausschrie, Beleg für den Triumph des Staates über die RAF – auch wenn er sich als ein Pyrrhussieg erweisen sollte.

Die Haft

Nach seiner Festnahme kam Holger Meins zunächst in der Justizvollzugsanstalt Bochum in Untersuchungshaft. Christian Ströbele erinnert sich, dass sein Mandant zunächst relativ gefasst reagierte: »Bei vielen Inhaftierten war das Problem nach der Inhaftierung der Schock: Nach den ersten Tagen sind sie völlig down, brauchen Hilfe und Unterstützung, brauchen Rat, das war bei Holger überhaupt nicht. Er wirkte fast abgeklärt. Er hat sich immer gefreut, wenn ich kam: dass da jemand aus Berlin kam, mit dem er auch über gemeinsame Bekannte reden konnte.« Gegenüber seinen Anwälten ebenso wie gegenüber den Wärtern habe Holger Meins sich ruhig und konstruktiv verhalten. Irgendwann jedoch wandelte sich die ruhige und freundliche Gelassenheit in die Unversöhnlichkeit, die aus seinen letzten Briefen aus dem Gefängnis spricht, etwa aus dem Schreiben an Manfred Grashof vom 1. November 1974, den Meins wegen des Abbruchs seines Hungerstreiks zur Ordnung ruft:

> »*dann – also wenn du nicht weiter mithungerst – sagste besser, ehrlicher (wenn du noch weisst, was das ist: ehre): ›wie gesagt: ich lebe. nieder mit der raf. sieg dem schweinesystem.‹ –*
>
> *entweder mensch oder schwein*
> *entweder überleben um jeden preis*
> *oder kampf bis zum tod*
> *entweder problem oder lösung*
> *dazwischen gibt es nichts*«

Was war zwischen den ersten Wochen der Haft in Bochum und dem Herbst 1974, in dem es nur noch »Mensch oder Schwein« gab, passiert?

Nach der Verhaftung von Jan-Carl Raspe, Andreas Baader und Holger Meins wurden rasch auch die anderen Mitglieder der RAF, darunter Gudrun Ensslin und Ulrike Meinhof, verhaftet. Sie wurden zunächst in verschiedenen Haftanstalten untergebracht und dort einzeln festgehalten. Zwar werden Untersuchungshäftlinge immer einzeln gefangen gehalten, um Absprachen unter Mittätern zu verhindern, allerdings dauerte die Untersuchungshaft für die RAF-Mitglieder viel länger als die eigentlich dafür vorgesehenen sechs Monate. Die Justizbehörden bereiteten sich auf einen Mammutprozess vor, der schließlich am 21. Mai 1975 – fast drei Jahre nach der Verhaftung des harten Kerns der RAF – in der Mehrzweckhalle der JVA Stammheim in Stuttgart beginnen würde. Der Staat war offensichtlich überfordert damit, die Terroristinnen und Terroristen, die ihm in aller Öffentlichkeit den Kampf angesagt hatten, unter humanen Bedingungen in Haft zu halten und dabei zugleich den nötigen Sicherheitsanforderungen zu entsprechen. Mit dem Ausbruch Baaders, das war allen Beteiligten nur allzu bewusst, hatte die Geschichte der RAF angefangen, und die Häftlinge würden alles daransetzen, einen solchen Coup mithilfe ihrer Verbündeten jenseits der Gefängnismauern zu wiederholen. Deshalb verteilten die Behörden die Terroristinnen und Terroristen, wo es möglich war, auf verschiedene Gefängnisse in der ganzen Republik: Gudrun Ensslin saß in Essen, Andreas Baader in Schwalmstadt, Holger Meins in Bochum. Für Astrid Proll und Ulrike Meinhof, die beide in Köln inhaftiert waren, hatte man besondere Vorkehrungen getroffen. Der »tote Trakt« war ein stillgelegter Bereich des Gefängnisses, in dem zunächst Astrid Proll und später Ulrike Meinhof in einer vollkommen abgeschirmten Zelle saßen. In dieser Zelle herrschte Isolation sowohl von Menschen als auch von jeglichen Geräuschen. Alle Wände, Möbel und Gegenstände waren weiß. Zugleich wurde das Licht in den Zellen niemals gelöscht, um eine bessere Überwachung der beiden Frauen zu gewährleisten. Astrid Proll erlitt unter diesen Bedingungen einen Nervenzusammenbruch und musste für haftunfähig erklärt werden. Ulrike Meinhof beschrieb ihre Erfahrungen im »toten Trakt« mit ihrem wohl berühmtesten Text:

*»das Gefühl, es explodiert einem der Kopf (das Gefühl, die
Schädeldecke müßte eigentlich zerreißen, abplatzen) –*

*das Gefühl, es würde einem das Rückenmark ins Gehirn
gepreßt,*

(...)

*das Gefühl, die Zelle fährt. Man wacht auf, macht die
Augen auf: die Zelle fährt; nachmittags, wenn die Sonne
reinscheint, bleibt sie plötzlich stehen. Man kann das Gefühl des Fahrens nicht absetzen.*

(...)

*Rasende Aggressivität, für die es kein Ventil gibt. Das ist
das Schlimmste. Klares Bewußtsein, daß man keine Über-
lebenschance hat; völliges Scheitern, das zu vermitteln.«*

Im Jahr 1997 vertonte die populäre deutsche Hip-Hop-
Band Freundeskreis um den damals 23-jährigen Max
Herre diese Zeilen – auch 25 Jahre später berührten
Meinhofs Worte zahlreiche Menschen.

Ulrike Meinhof blieb 273 Tage in Einzelhaft. Ihre Erfahrungen etablierten die »Isolationsfolter« als zentralen Begriff im Jargon der RAF und ihrer Unterstützer,
der »tote Trakt« wurde zum Symbol im Kampf gegen
den Staat. Die übrigen Häftlinge, die in Einzelzellen
saßen, orientierten sich in ihren Beschreibungen an ihr,
blieben aber in Meinhofs Schatten. Holger Meins war
ähnlich harten Bedingungen ausgesetzt, auch wenn das
in der Öffentlichkeit zunächst nicht so wahrgenommen
wurde. Am 27. Juni 1972 wurde er aus Bochum nach Ko-
blenz verlegt, am 22. März 1973 kam er schließlich in
die JVA Wittlich, seine letzte Station. An diesem Tag
schrieb er an Ströbele: »Da haben sie mich also heute

wieder mal ins Knie gefickt und zwar haben sie mich in die riesen Strafanstalt Wittlich gebracht, neben Zweibrücken die zweite in der Pfalz – nochmals 100 km weiter vom Schuss. Natürlich ohne Vorwarnung, im Überrumplungsverfahren, nicht mal durch die Luft, sondern in einer ganz ordinären grünen Minna. Meine Sachen habe ich alle rübergerettet. Wie hier der Laden läuft, nach dem 1. Tag zu urteilen: die gleiche Scheiße, nur ein bisschen perfekter.«

Der Anstaltsleiter in Wittlich hatte für Holger Meins »strenge Einzelhaft« vorgesehen. Die Zellen links und rechts von ihm waren leer, ebenso wie die über und die unter ihm. Nach jedem Besuch wurde er einer körperlichen Durchsuchung unterzogen und danach neu angekleidet. Ein Hofgang wurde ihm nur gefesselt gestattet. Da er diese Bedingungen ablehnte, saß er, abgesehen von den wenigen Besuchen durch Angehörige und Anwälte, allein in seiner Zelle.

In dieser Zeit entstand »das info«, ein Kommunikationssystem mit dem die RAF-Häftlinge Kontakt halten, Briefe schreiben und auch ihre Anhänger in Freiheit erreichen konnten. Gudrun Ensslin verlieh ihren Mitgefangenen Decknamen aus Hermann Melvilles Roman »Moby Dick«. Holger Meins bekam den Namen Starbuck, nach dem Ersten Steuermann an Bord des Walfangschiffs Pequod. Melville hatte über Starbuck geschrieben: »Er war ein langer, ernster Mann, und obwohl an einer eisigen Küste geboren, schien er wohlgeeignet, Tropenhitze zu ertragen.«

Das »info« wurde über die Anwälte betrieben, die Nachrichten zwischen den verschiedenen Haftanstalten und den Unterstützergruppen kursieren ließen. Die Kanzlei des Hamburger Anwalts Klaus Groenewold war die »info«-Zentrale. So wurden gemeinsame Aktionen, etwa die Hungerstreiks, koordiniert, die Verbindung zu den Unterstützern »draußen« gehalten, aber auch abweichendes Verhalten öffentlich gemacht und kritisiert. Volker Speitel, der in der Kanzlei von Klaus Croissant in Stuttgart für das System zuständig war, erinnerte sich: »Diese ›Infos‹ sind außerordentlich hart geschrieben worden, die Kritik ging fast bis zur Selbstaufgabe, und jeder falsche politische Ansatz wurde schon als Verrat und der Autor als Schwein bezeichnet.« Die schwerste Strafe, die für abweichendes Verhalten verhängt werden konnte, war das »Ausflippen aus der Kommunikation«, also der Entzug des »info«. Astrid Proll etwa hatte ihren Mitgefangenen zufolge nicht konsequent genug beim ersten Hungerstreik der RAF mitgehungert – prompt folgte Andreas Baaders Drohung: »Astrid soll mal mitteilen, ob die Information stimmt, daß sie genau so lange gehungert hat, bis sie Hunger hatte. Wenn sie dazu keine Selbstkritik bringen kann, ist unsere Reaktion: sie flippt aus dem Infosystem …«

Unter den Bedingungen der Einzelhaft war das »info« eine wichtige Verbindung zur Außenwelt. In dieser Situation wirkten jedoch die Indoktrination und der Gruppendruck in besonderer Weise, da die Gefangenen kaum anderen Einflüssen ausgesetzt waren. Das eigene Schicksal und die Schwierigkeiten der Haft, die man selbst, aber auch die Mitgefangenen zu erdulden hatten, rückten immer mehr in den Mittelpunkt einer auf Gefängniszelle, Besucherraum und »info« zusammengeschrumpften Welt.

Das eigene Leid und das Leid der Mitgefangenen wurden zum zentralen Thema in der Kommunikation mit den Unterstützern, die sich ihrerseits immer stärker radikalisierten. Unter diesen Umständen war kein Vergleich zu absurd, um das eigene Schicksal mit der gewünschten Bedeutung aufzuladen. So schrieb Ulrike Meinhof über ihre Erfahrungen im »toten Trakt«: »Der politische Begriff für den toten Trakt, Köln, sage ich ganz klar – ist: das Gas. Meine Auschwitzphantasien darin waren realistisch …« Und in einer Art Ringen um die Relevanz des eigenen Leidens an der Haft setzte Gudrun Ensslin ihre Erfahrungen in der »Isolation« dazu in Beziehung: »Unterschied toter Trakt und Isolation: Auschwitz zu Buchenwald. Der Unterschied ist einfach: Buchenwald haben mehr überlebt als Auschwitz … Wie wir drin ja, um das mal klar zu sagen, uns nur darüber wundern können, daß wir nicht abgespritzt werden. Sonst über nichts …«

Weil der Staat »faschistisch« war, behandelte er seine Gefangenen faschistisch. Was Meinhof und Ensslin zu erdulden hatten, war ihrer Ansicht nach »Auschwitz« und »Buchenwald«, war also Holocaust. So wurden die Anhänger immer stärker in den unerbittlichen Kampf gegen den Staat getrieben. Im selben Schritt mit der Stilisierung der RAF-Gefangenen zu ultimativen Opfern und der Relativierung der Verbrechen des Nationalsozialismus übernahmen sie auch Argumentationsmuster, die in rechten und revanchistischen Kreisen verbreitet waren. So gab Ulrike Meinhof den amerikanischen Soldaten, die ins Visier der RAF-Maioffensive geraten waren, die Schuld an den alliierten Bombardements von Hamburg und Dresden während des Zweiten Weltkriegs, und sie sprach die »ganz normalen Deutschen« von jeder Schuld am Holocaust frei, indem sie vor Gericht zu Protokoll gab: »die Leute haben ja wirklich nicht gewußt, was in den Konzentrationslagern vorging«. Diese doppelte Argumentationsstrategie, in der einerseits Opfer- und Täterschaft des Nationalsozialismus relativiert wurden, aber andererseits der bundesdeutsche Staat an die Stelle des NS-Staats rückte, den es, wie die Vergangenheit lehrte, zu bekämpfen galt, verfing in der Öffentlichkeit. Sie war offen für jene, die die Bundesrepublik als Wiedergänger des nationalsozialistischen Deutschlands sahen: die Linken im In- und Ausland. Zugleich integrierte sie jene, die einen Schlussstrich unter die deutsche Schuld ziehen und erneut die Juden als Verursacher allen Übels – vor allem im Nahen Osten – ansehen wollten.

Nie hatte die RAF mehr Anhänger als in der Zeit, als sie die Botschaft von »Isolationsfolter« und »Vernichtungshaft« aussandte. Die Anwälte gründeten »Komitees gegen Folter an politischen Gefangenen in der BRD«, die sogenannten »Anti-Folter-Komitees«, in denen sowohl die Mitglieder der linksradikalen Roten Hilfe als auch das linksliberale und um den Rechtsstaat besorgte Bildungsbürgertum zusammenkamen, das nicht zuletzt durch den Radikalenerlass aufgeschreckt worden war.

Hungerstreik

Mit der Parole »Isolation ist Mord« und öffentlichkeitswirksamen Hungerstreiks propagierten die Gefangenen und ihre Anhänger die Lesart von der RAF als Opfer des faschistischen Staates, der die »politischen Häftlinge« durch die »Vernichtungshaft« ermorden wollte. Der erste Hungerstreik im Januar und Februar 1973 blieb folgenlos, obwohl bereits einige Anwälte an einem »Solidaritätshungerstreik« teilnahmen. Beim zweiten Hungerstreik solidarisierten sich auch andere Gefangene – insgesamt hungerten 80 Häftlinge in zahlreichen Gefängnissen. Die RAF-Häftlinge warnten in ihrem Aufruf abermals vor einem drohenden Holocaust der sogenannten »politischen Gefangenen«: »Unsere Isolation jetzt und das Konzentrationslager demnächst – ob nun unter der Regie von grünen oder weißen Terrortrupps – kommt raus auf: Vernichtungslager – Reformtreblinka – Reformbuchenwald – die ›Endlösung‹. So sieht's aus.« Dieser Hungerstreik dauerte sieben Wochen, vom 8. Mai bis zum 29. Juni 1973, und wurde von einer intensiven öffentlichen Diskussion begleitet. Mord und Folter in den Gefängnissen wurden nun in der Öffentlichkeit als reale Bedrohung diskutiert. Holger Meins übergab Klaus Croissant am 9. März 1974 eine Erklärung:

»*Für den Fall, dass ich in Haft vom Leben in den Tod komme, wars Mord – gleich was die Schweine behaupten werden. (…) Wenns heisst – und dafür gib's Anzeichen – ›Selbstmord‹ ›Schwere Krankheit‹ ›Notwehr‹ ›Auf der Flucht‹ glaubt den Lügen der Mörder nicht*
    Meins«

Wenige Tage zuvor hatte Holger Meins sich zum letzten Mal unter ärztlicher Kontrolle wiegen lassen. Zu diesem

Zeitpunkt wog er 60 Kilogramm bei einer Größe von 1,86 Meter.

Den dritten Hungerstreik kündigte Ulrike Meinhof am 13. September 1974 beim Auftakt des Prozesses an, der ihr wegen der Befreiung von Andreas Baader gemacht wurde. Dabei machte sie unter anderem folgende Forderungen der »gefangenen Arbeiter« geltend: »tarifgerechte bezahlung«, »betriebsrat und streikrecht«, »freie arztwahl«, »unbeschränkte besuchsfreiheit – ohne bewachung«, »auch in sexuellen kontakten, außerhalb der arbeitszeit«, »rente und krankenversicherung«.

Abermals protestierte sie gegen die »endlösung«, die der »faschistische staat« mit der »vernichtungshaft« verfolge. Somit machte sie bei der Bundesrepublik als klassischem Wohlfahrtsstaat die Forderung nach Versorgung und Absicherung der Gefangenen geltend – aber mit dem Vokabular des nationalsozialistischen Völkermordes. Dem Aufruf von Ulrike Meinhof zum dritten Hungerstreik folgten RAF-Mitglieder in den verschiedensten Haftanstalten. Dieses Mal sollte es ernst werden, Andreas Baader schwor seine Mitstreiter ein: »ich denke, wir werden den Hungerstreik diesmal nicht abbrechen. das heißt, es werden Typen dabei kaputt gehen.«

Nach 17 Tagen Hungerstreik, ab dem 30. September, wurde Holger Meins künstlich ernährt. Am 11. Oktober berichtete er von der Zwangsernährung, die durch Polizisten, Sanitäter und einen Arzt vorgenommen wurde. Der Gefangene wurde gegen seinen Widerstand fixiert, woraufhin der Arzt den Mund mit einem »Brecheisen« öffnete. Für die Ernährung wurde ein etwa mittelfingerdicker Magenschlauch verwendet, der nur ein bis drei

Millimeter dünner war als die Speiseröhre und deshalb zu Würgen und Brechreiz führte. Verabreicht wurde eine »Fleischbrühe, schleimig, fett – auf jeden Fall mit Vitaminen, Traubenzucker, Ei, kleingehäckseltem Zeug – und nem dicken, bräunlichen, grießähnlichen Bodensatz«. Im Ermittlungsverfahren gegen den beteiligten Arzt aus dem Jahr 1977 hieß es: »Während des genannten Zeitraums (30.9.1974 bis 23.10.1974) wurden die Zwangsernährungen des Getöteten von dem beschuldigten Arzt in einer den Regeln der ärztlichen Kunst in jeder Beziehung widersprechenden, mit unerträglichen Qualen und Schmerzen verbundenen Art und Weise durchgeführt.« Der Rechtsanwalt Rupert von Plottnitz erstattete gegen den Anstaltsarzt Strafanzeige wegen Körperverletzung, woraufhin der Schlauch am 23. Oktober gegen eine Sonde ausgetauscht wurde.

In seinem Brief an Manfred Grashof vom 1. November schrieb Holger Meins über die unmittelbaren Folgen seines Hungerstreiks: »hier geht's doch ziemlich rapide – also schneller als ich schrieb. Hab jetzt 46,8. Geht täglich 140–150 g runter (wiege mich seit dem 28. – natürlich selbst, also ohne wen bei, weiss nur ich). Kriege tatsächlich nur 400 kalorien. Das arzt-pigchen meint 1200: ›drei esslöffel je 400‹ – ist aber so: drei esslöffel = 400 (kopie von »stardit« ist original von der dose, vor meinen augen).«

Bereits im April 1974 waren Gudrun Ensslin und Ulrike Meinhof nach Stuttgart-Stammheim verlegt worden. Sie durften täglich bis zu vier Stunden gemeinsam verbringen und Besuch von ihren Anwälten, nicht aber von Angehörigen empfangen. Ab Oktober folgte die Verlegung der männlichen Gefangenen. Im November trafen Jan-Carl

Raspe und Andreas Baader in Stammheim ein. Auch für Baader und Raspe galt, dass sie täglich mehrere Stunden zusammen verbringen durften, männliche und weibliche Häftlinge durften jedoch zunächst noch nicht im sogenannten »Umschluss« zusammenkommen. Dennoch setzten die RAF-Häftlinge den Hungerstreik gegen ihre »Isolationsfolter« fort. Die Verlegung von Holger Meins wurde aufgrund seines geschwächten Gesundheitszustandes immer wieder verschoben.

Am 6. November schrieb Gudrun Ensslin aus Stammheim an Holger Meins, der immer noch alleine in Wittlich hungerte: »Du bestimmst, wann Du stirbst. Freiheit oder Tod.« Zwei Tage später konnte Holger Meins nur noch flüstern. »Ich komme nicht mehr hoch«, hauchte er völlig entkräftet ins Telefon und bat um Besuch von Siegfried Haag am nächsten Tag. Am Samstag, dem 9. November 1974 kam sein Anwalt in die JVA Wittlich. Den Tod seines Mandanten konnte er nicht mehr verhindern.

Reaktionen

Als im Radio der Tod von Holger Meins gemeldet wurde, kam es zu spontanen Demonstrationen in Frankfurt, Köln, Hamburg, Berlin und Stuttgart. Bald tauchte die Parole »Rache für Holger Meins« an Häuserwänden auf. Der Anwalt Otto Schily suggerierte auf der Pressekonferenz, die anlässlich des Todes von Holger Meins stattfand, dass »die im Hungerstreik befindlichen Gefangenen in Raten hingerichtet werden«. Zu keinem Zeitpunkt erreichte die

RAF je wieder dieses Maß an Öffentlichkeit. Noch nicht einmal der Tod Ulrike Meinhofs, die durch ihre Arbeit als Journalistin sehr populär war, trieb mehr Menschen auf die Straße. Innerhalb eines Tages wurden Plakate mit Aufschriften wie »Ein Genosse ist tot« gedruckt und an Wände geklebt. Die Empörung über die »Ermordung« von Holger Meins überbrückte auch inhaltliche Differenzen anderer linker Gruppierungen mit der RAF. Vor allem das Obduktionsfoto, das über die Anwälte seinen Weg in die Szene fand, erregte Empörung. Der verhungerte Körper, der zudem durch eine große Obduktionsnarbe gezeichnet war, erinnerte die Sympathisanten, die durch die Rhetorik der RAF bereits an Holocaustvergleiche gewöhnt waren, an die Fotos, die bei Kriegsende in den nationalsozialistischen Konzentrations- und Vernichtungslagern aufgenommen worden waren.

Am 10. November 1974 wurde in Berlin Günter von Drenkmann, der Präsident des Kammergerichts, ermordet. Die Bewegung 2. Juni hatte ihn aus Rache für Holger Meins erschossen, vermutlich bei einem verunglückten Entführungsversuch. Von Drenkmann hatte nichts mit den Haftbedingungen der RAF-Häftlinge zu tun. Als Zivilrichter hatte er niemals ein Urteil gefällt, das in Zusammenhang mit der RAF oder dem Linksterrorismus stand. Er galt als liberaler Jurist und war SPD-Mitglied. Die Trauer und Empörung linker und linksliberaler Kreise über diesen Mord wischten die Gefangenen in Stammheim mit einem Federstrich beiseite: »Wir weinen dem toten Drenkmann keine Träne nach. Wir freuen uns über eine solche Hinrichtung. Diese Aktion war notwendig, weil sie jedem Justiz- und Bullenschwein klargemacht hat, daß auch er und zwar heute schon – zur Verantwortung gezogen werden kann.«

Zur Beerdigung von Holger Meins kamen über 2000 Menschen. Für Rudi Dutschkes Frau Gretchen war es »eine makabre Szene. Schwarz vermummte RAF-Sympathisanten zogen still am Grab vorbei. Polizeiketten umschlossen die Veranstaltung. Rudi stand im Hintergrund mit Schily und Genossen aus Frankfurt, die nach der Grabrede die ›Internationale‹ anstimmten.« Zunächst nur zögernd ging Rudi Dutschke an Holger Meins Grab, dort erhob er die linke Faust und rief die ebenso berühmten wie berüchtigten Worte: »Holger, der Kampf geht weiter!«

Und tatsächlich ging der Kampf nun erst recht weiter. Volker Speitel, der damals im Anti-Folter-Komitee in Stuttgart mitarbeitete, erinnerte sich: »Für uns ist dieser Tod ein Schlüsselereignis geworden. Zum einen vielleicht, weil wir noch nie so nah und drastisch Elend und Tod vor Augen hatten, zum anderen aber wohl hauptsächlich, weil wir uns moralisch mitschuldig fühlten. Mitschuldig, weil wir den Tod von ihm durch unsere Aktivitäten und durch unsere Anstrengungen nicht verhindern konnten. Der Tod von Holger Meins und der Entschluss, die Knarre in die Hand zu nehmen, war eins.« Es war der Anwalt Siegfried Haag, der Speitel für die RAF anwarb.

Immer mehr junge Leute waren bereit, der RAF in dem zu folgen, was Joschka Fischer später ihren »Todestrip« nannte. Während 1972 noch nach 40 Personen gefahndet wurde, waren es Ende 1974 300. Die sogenannte »Sympathisantenszene« wurde auf über 10 000 Personen geschätzt.

Kommando »Holger Meins«

Am Mittag des 24. April 1975 stürmten sechs Terroristen
aus der sogenannten zweiten Generation der RAF die
deutsche Botschaft in Stockholm und brachten dort zwölf
Geiseln in ihre Gewalt. Das »Kommando Holger Meins«
forderte die Freilassung von 26 RAF-Häftlingen, darunter
Gudrun Ensslin, Ulrike Meinhof, Andreas Baader und
Jan-Carl Raspe. Während es der Bewegung 2. Juni im Februar 1975 noch gelungen war, durch die Entführung des
Berliner CDU-Politikers Peter Lorenz fünf inhaftierte
Terroristen freizupressen, entschied die Bundesregierung unter Helmut Schmidt noch am selben Abend, den
Forderungen der Geiselnehmer auf keinen Fall nachzu-
geben. Die Geiselnehmer erschossen den Militärattaché
Andreas von Mirbach, nachdem die schwedische Polizei
sich geweigert hatte, das Gebäude zu räumen. Als Reaktion auf die Nachricht, dass die Bundesregierung nicht zu
Verhandlungen bereit sei, erschossen die Terroristen zudem den Wirtschaftsgesandten Heinz Hillegaarts. Kurz
vor Mitternacht detonierte der Sprengstoff, den die Terroristen in der Botschaft angebracht hatten. Zu diesem
Zeitpunkt waren noch 6 Geiseln in der Botschaft, die die
Explosionen zur Flucht nutzen konnten und schwer verletzt überlebten. Wie es zu der Explosion gekommen war,
blieb lange unklar. Die Terroristen behaupteten, dass die
deutschen Einsatzkräfte die Sprengkörper gezündet hätten, während die polizeiliche Untersuchung davon ausging, dass einer der Geiselnehmer aus Versehen über das
Zündkabel gestolpert war. Zwei RAF-Mitglieder, Ulrich
Wessel und Siegfried Hausner, wurden so schwer verletzt,

dass sie später an ihren Verletzungen starben. Die übrigen vier Terroristen wurden im Sommer 1977 zu lebenslangen Freiheitsstrafen verurteilt.

Am 30. November 1976 wurde Holger Meins' Anwalt Siegfried Haag verhaftet. Bei ihm wurden Unterlagen gefunden, die auf eine groß angelegte Offensive der RAF hindeuteten. Wichtig schien dabei die Aktion »Big Raushole« zu sein, mit der die inhaftierten Kader befreit werden sollten. Zudem war von der Entführung eines gewissen »H.M.« die Rede: Ein knappes Jahr später, am 5. September 1977, entführte das »Kommando Siegfried Hausner« in Köln den Arbeitgeberpräsidenten Hans-Martin Schleyer und erschoss dabei seine Leibwächter und seinen Fahrer.

Das Ende der ersten Generation der RAF

Auch bei der Entführung von Hans-Martin Schleyer bestand die Forderung in der Freilassung von RAF-Häftlingen, darunter Gudrun Ensslin, Andreas Baader und Jan-Carl Raspe. Ulrike Meinhof hatte sich am 9. Mai 1976 in ihrer Zelle erhängt. Die Bundesregierung unter Helmut Schmidt entschied abermals, nicht auf die Forderungen der Geiselnehmer einzugehen. Diese Haltung behielt die Regierung bei, als am 13. Oktober 1977 die Lufthansa-Maschine Landshut entführt wurde. Die palästinensischen Entführer forderten nochmals die Freilassung der RAF-Häftlinge sowie die Befreiung zweier in der Türkei inhaftierter Palästinenser. In Mogadischu, wo die Maschine nach tagelangem Irrflug gelandet war, beendete der Einsatz de GSG9, der Spezialeinheit zur Terrorbekämpfung des Bundesgrenzschutzes, in der Nacht vom 17. auf den 18. Oktober das Geiseldrama. Jürgen Schumann, der Kapitän der Landshut, war bereits bei dem Zwischenstopp im jemenitischen Aden von den Geiselnehmern erschossen worden, die übrigen Geiseln überlebten. In Deutschland wurde die Befreiung der Geiseln im fernen Somalia mit großer Erleichterung aufgenommen. Nicht so in Stammheim: Als die Meldung von der Erstürmung der Landshut bei den dort inhaftierten RAF-Mitgliedern mithilfe der eingeschmuggelten Transistorradios die Runde machte, setzten sie ihren für diesen Fall geplanten Suizid in die Tat um. Andreas Baader und Jan-Carl Raspe erschossen sich mit Pistolen, die sie in ihren Zellen versteckt hielten. Gudrun Ensslin erhängte sich mithilfe eines Lautsprecherkabels, Ingrid Möller versuchte, sich mit einem Messer aus den Beständen der Haftanstalt zu erstechen, und überlebte schwer verletzt.

Wie Holger Meins versuchten auch seine Mitstreiter, mit ihrer letzten verzweifelten Tat einen Schlag gegen den verhassten Staat zu führen. Sie inszenierten ihren Suizid als Mord – so schoss sich etwa Andreas Baader wohl unter größten Anstrengungen von hinten in den Kopf. Und wie zuvor bei Holger Meins verfehlte diese Inszenierung nicht ihr Ziel.

Anlässlich Ulrike Meinhofs Selbstmord hatte Otto Schily bereits von »einem anonymen Mord« gesprochen, und Jan-Carl Raspe hatte festgestellt: »Wir glauben, dass Ulrike hingerichtet worden ist.« Ulrike Meinhof selbst hatte schon Monate vor ihrem Tod den Selbstmord als »letzten Akt der Rebellion« bezeichnet. So rebellierten auch die letzten Mitglieder der ersten Generation der

RAF und hinterließen die Botschaft, der Staat habe sie als »politische Häftlinge« nach Jahren der »Isolationsfolter« umgebracht. Sie beschritten damit den Weg, den Holger Meins vorgezeichnet hatte. Dessen Tod am 9. November 1974 verstärkte durch seine ungeheure Breitenwirkung die Selbstviktimisierungsstrategie des deutschen Linksterrorismus. Der Erfolg, den seine Inszenierung in der Öffentlichkeit hatte, führte schließlich dazu, dass auch die anderen charismatischen Anführer der RAF in einen Tod gingen, den sie als Hinrichtung durch einen vermeintlich »faschistischen Staat« darstellten. Die These vom »Staatsmord« an Andreas Baader, Gudrun Ensslin und Jan-Carl Raspe gehörte noch lange Jahre zu den Glaubenssätzen der linken Szene, ebenso wie die Empörung über den »Mord« an Holger Meins. Siegfried Haag, der am 9. November 1974 in die JVA Wittlich geeilt war und der es nicht ertragen hatte, Holger Meins sterben zu sehen, war durch diesen Tod selbst radikalisiert worden und ging in den Untergrund. Holger Meins' Tod war das Argument, mit dem er weitere junge Leute für die RAF rekrutierte. Nach zehn Jahren Haft erklärte Haag im Jahr 1986 die Logik, die Holger Meins und andere in den Tod geführt hatte: »Man kann eine Sache auch zu Ende bringen, indem man sie, auch wenn sie sich in ihrem Verlauf als falsch erwiesen hat, für sich persönlich zu Ende führt.«

Hans-Martin Schleyer war der Einzige, der am 18. Oktober 1977 tatsächlich hingerichtet wurde – nach dem Tod der Terroristen in Stammheim war sein Überleben in den Augen seiner Geiselnehmer überflüssig geworden.

Zum Weiterlesen

Sabine Bergstermann: Stammheim: Eine moderne Haftanstalt als Ort der Auseinandersetzung zwischen Staat und RAF, München 2016.

Gerd Conradt: Starbuck. Holger Meins. Ein Portrait als Zeitbild, Berlin 2001.

Giesela Diewald-Kerkmann: Frauen, Terrorismus und Justiz. Prozesse gegen weibliche Mitglieder der RAF und der Bewegung 2. Juni, Düsseldorf 2009.

Petra Terhoeven: Die Rote Armee Fraktion. Eine Geschichte terroristischer Gewalt, München 2017.

Willi Winkler: Die Geschichte der RAF, Berlin 2007.

»Auf diesem Platz ist
hunderttausendfache Hoffnung!«

———————————

Der Fall der Mauer
am 9. November 1989

Karin Gueffroy war endlich umgezogen. Sie hatte die vergangenen Wochen im leer geräumten Kinderzimmer von
Freunden verbracht. Jetzt hatte sie endlich eine eigene
Wohnung im Westteil Berlins. Im September 1989 war sie
aus der DDR ausgereist und richtete sich nun in Moabit
ein. Die Umzugskisten hatten sie geschafft, ihr war weder nach Radio hören noch nach Fernsehen zumute. Sie
wollte einfach nur ins Bett und wunderte sich, dass es nach
zehn Uhr auf der Straße noch so laut war. Und dann klin-
gelte auch noch ständig das Telefon. Sie nahm nicht ab,
man wollte bestimmt ihren Vormieter sprechen. Doch der
Anrufer war hartnäckig, um drei Uhr nachts hob Karin
Gueffroy schließlich den Hörer ab. Am anderen Ende war
ihr Sohn, der sie freudig raten ließ, wo er sei. Karin Gueff-
froy fragte arglos, wo er denn schon sein könne, schließlich lebte Stephan in Treptow, also im Ostteil von Berlin.
Seine Antwort versetzte ihr einen Schock. Stephan stand
am Ku'damm, er war also in Westberlin. War er etwa geflohen? In Karin Gueffroy drehte sich ein Karussell aus
Schreckensvisionen. Im Februar erst war ihr anderer Sohn
Chris an der Mauer erschossen worden. Konnte Stephan

ebenfalls eine Flucht riskiert haben? Wütend schrie sie in den Hörer: »Stephan, Stephan, warum hast du das getan? Verdammt, warum nur? Wie konntest du das nur tun?« Stephan schaffte es irgendwann, auf die Tiraden seiner Mutter zu antworten: »Mutti, weißt du denn nicht, die Mauer ist auf.«

Die Oppositionelle Marianne Birthler hatte an diesem Donnerstagabend live im Fernsehen mitbekommen, dass die Mauer geöffnet worden war. In der Wohnung ihres Freundes Werner Fischer im Ostteil Berlins saß sie mit einer Flasche Wein auf dem Teppich, als die Nachricht kam. In ihrer Autobiografie schildert sie die Situation: Da sie mit einem amerikanischen Fernsehteam zu einem Interview verabredet war, konnte sie die Wohnung nicht verlassen. Die Journalisten verspäteten sich, aber ein amerikanisches Fernsehteam versetzte man selbst dann nicht, wenn gerade die Mauer gefallen war. Nachdem das Interview schließlich geführt war, ließ sie sich zum Grenzübergang Heinrich-Heine-Straße mitnehmen. Von dort ging es weiter zu einer Westberliner Freundin, mit der sie, eine Flasche Sekt leerend, weiter Richtung Kurfürstendamm zog. Unter den lachenden und aufgekratzten Menschen, die Birthler dort sah, muss auch Stephan Gueffroy gewesen sein, der über den Grenzübergang Sonnenallee in den Westen gekommen war. Auf dem Weg zum Ku'damm hielt er bei den weißen Kreuzen in der Nähe des Reichstags, von denen eines an seinen Bruder Chris erinnerte. Die tödliche Grenze war, so schien es, von einem auf den anderen Tag Vergangenheit.

Dass die Mauer an diesem Tag fiel, hätten auch Tage zuvor die wenigsten geglaubt. Zu Beginn des Jahres 1989 hatte Erich Honecker, zu diesem Zeitpunkt noch Generalsekretär des Zentralkomitees der SED und Vorsitzender des Staatsrats der DDR, erklärt, die Mauer würde »in 50 und auch in 100 Jahren noch bestehen«. Sie werde so lange stehen, bis »die dazu vorhandenen Gründe nicht beseitigt« seien. Honecker meinte damit, dass die Mauer die DDR-Bürger vor dem Westen schützte. Tatsächlich war sie dazu da, die Bürger der DDR daran zu hindern, ihr Land zu verlassen.

Ihr Bau war im Sommer 1961 unter größtmöglicher Geheimhaltung geplant worden. Der DDR lief die Bevölkerung weg, was den Staat vor wirtschaftliche Probleme stellte. Die innerdeutsche Grenze war schon seit 1952 abgeriegelt und die fünf Kilometer breite Sperrzone kaum zu überwinden. Dafür waren ganze Dörfer umgesiedelt worden, in der Nähe der Grenze durfte nur wohnen, wer als politisch zuverlässig galt. Ostberlin war, weil es unter der Verwaltung aller vier Alliierten stand, das einzige Schlupfloch, das noch offen war. Allein im Juli 1961 flüchteten jeden Tag 1000 Menschen aus Ost- nach Westberlin, Anfang August waren es 1500 pro Tag. Man suchte nach einer Möglichkeit, die Flüchtenden aufzuhalten. Seit Jahren hatte sich Walter Ulbricht um die Zustimmung des Kremls für eine Grenzabriegelung bemüht. Im Januar 1961 hatte er in einem Brief erneut versucht, Nikita Chruschtschow, den Regierungschef der Sowjetunion, dazu zu bewegen. Chruschtschow hatte Ulbrichts Forderungen lange nicht nachgegeben, weil er eine Eskalation des Ost-West-Konflikts fürchtete. Da aber die Zahl der Flüchtenden weiter stieg und Chruschtschow selbst keine andere Lösung parat hatte, lenkte er im Juli 1961 schließlich ein.

Sosehr man sich auch bemühte, die Planungen für den Mauerbau geheim zu halten – das Wort »Mauer« sprach Staats- und Parteichef Walter Ulbricht bei einer Pressekonferenz am 15. Juni 1961 selbst aus: Auf die Frage, ob eine »Staatsgrenze« am Brandenburger Tor errichtet werden solle, hatte Ulbricht geantwortet, dass in der DDR niemand die Absicht habe »eine Mauer zu errichten«. Ob er davon ausging, dass die Journalisten aus dem Westen schon von den Plänen des Mauerbaus wussten oder ob es schlicht ein Versehen war, ist bis heute ungeklärt.

Zwei Monate später, in den Morgenstunden des 13. August 1961, wurde die Nationale Volksarmee der DDR in »erhöhte Gefechtsbereitschaft« versetzt. Die Volkspolizei und die »Kampfgruppen der Arbeiterklasse« schlossen in dieser Nacht die meisten der Berliner Grenzübergänge zwischen dem West- und dem Ostteil der Stadt. Stacheldraht und Barrieren wurden aufgestellt, Erdwälle und Straßensperren errichtet, der S- und U-Bahn-Verkehr war eingestellt. Bei Tagesanbruch sahen die Berliner in beiden Teilen der Stadt das Ergebnis der nächtlichen Abriegelung. 5000 Grenz- und Volkspolizisten und über 2000 Angehörige der Betriebskampftruppen sorgten für die Besetzung der Übergänge. Mehr als 7000 Soldaten sicherten das Gebiet dahinter ab. Die Berliner standen vor einer vollendeten Tatsache. Konrad Adenauer, der Kanzler der Bundesrepublik Deutschland, rief in Bonn dazu auf, Ruhe zu bewahren. Mit den deutschen Brüdern und Schwestern in der Sowjetzone und in Ostberlin fühle man sich nach wie vor aufs Engste verbunden: »Die Bundesregierung hält an dem Ziel der deutschen Einheit unverrückbar fest.«

Adenauer machte deutlich, dass er die Situation nicht eskalieren lassen wollte, und blieb in Bonn. Auch US-Präsident John F. Kennedy setzte auf Beschwichtigung und äußerte sich nicht öffentlich. Nachdem er von seinem Geheimdienst über die Situation in Berlin informiert worden war, ging er segeln. Er hatte schon Ende Juli Chruschtschow seine »Three Essentials«, die drei unabdingbaren Notwendigkeiten, mitgeteilt: Der freie Zugang nach Berlin, die Anwesenheit der Westmächte in der Stadt und die Freiheit der Bevölkerung Westberlins waren nicht verhandelbar. Daran hatten sich Chruschtschow und Ulbricht gehalten.

Der Mauerbau veränderte das Leben in Berlin. Die Stadt, die sich immer noch im Wiederaufbau nach dem Zweiten Weltkrieg befand, erhielt über Nacht ein neues Gesicht. Vor der Teilung hatten über 50 000 Ostberliner im Westteil gearbeitet, umgekehrt fuhren 12 000 Westberliner täglich in den Ostteil der Stadt. Nun wurden die S- und U-Bahn-Linien dauerhaft getrennt, Familien, die über die Stadt verteilt lebten, konnten sich nicht mehr sehen. Die 13-jährige Schülerin Marianne Birthler erlebte in ihrem Umfeld in diesen Tagen Angst und Ohnmacht. Ihre Mutter konnte ihre Schwester und ihre Freundinnen und Freunde nicht mehr besuchen.

Nach dem 13. August wurde mit der dauerhaften Befestigung und dem Bau der eigentlichen Mauer begonnen. Um die Menschen in der DDR an der Flucht zu hindern, wurde in den folgenden Monaten ein kaum zu überwindendes Grenzsicherungssystem gebaut. An der 1382 Kilometer langen innerdeutschen Grenze wurden bis zum Ende des Jahrzehnts elektrisch geladene Zäune errichtet und etwa eine Million Minen verteilt. Ab 1966 wurden auch Selbstschussanlagen in Betrieb genommen, die Menschen um jeden Preis an der Flucht hindern soll-ten – die Regierung der DDR nahm den Tod der Flüch-tenden bewusst in Kauf.

Die erste Mauertote gab es nur neun Tage nach dem Baubeginn. Am frühen Morgen des 21. August stand die Krankenschwester Ida Siekmann am Fenster ihrer Woh-nung in der Bernauer Straße 48 im Prenzlauer Berg und warf ihren Besitz und ihr Bettzeug aus dem Fenster. Mit dem Mauerbau hatten die DDR-Behörden damit be-gonnen, die Eingangstüren der Häuser in der Bernauer Straße zu verbarrikadieren, gestern war ihr Haus an die Reihe gekommen. Denn sobald man im südlichen Teil der Bernauer Straße aus der Tür trat, befand man sich im Westen. Die Häuser auf der gegenüberliegenden Stra-ßenseite gehörten schon zu Westberlin. Viele von Ida Siekmanns Nachbarn waren bereits geflohen. Nachdem die ersten Eingangstüren zugemauert worden waren, seil-ten sie sich aus den Fenstern ab oder landeten in Sprung-tüchern der Westberliner Feuerwehr. Als Ida Siekmann in den frühen Morgenstunden aus dem dritten Stock des Hauses sprang, war die Feuerwehr nicht da. Sie verletzte sich so schwer, dass sie auf dem Weg ins Krankenhaus starb. Einen Tag später hätte sie ihren 59. Geburtstag fei-ern können.

Von 1949 bis zum 9. November 1989 starben über 800

Menschen bei dem Versuch, über die innerdeutsche Grenze zu fliehen. An der Berliner Mauer starben nach Erkenntnissen des Zentrums für Zeithistorische Forschung und der Stiftung Berliner Mauer mindestens 101 Menschen.

Das letzte Opfer, das an der Berliner Mauer erschossen wurde, war im Februar 1989 Karin Gueffroys Sohn Chris. Er wollte zusammen mit seinem Freund Christian Gaudian durch den Britzer Verbindungskanal von Treptow nach Neukölln flüchten. Chris Gueffroy war 20 Jahre alt und sollte im Mai 1989 zum Dienst in der Nationalen Volksarmee eingezogen werden. Weil er sich geweigert hatte, dort eine Offizierslaufbahn einzuschlagen, war ihm nicht erlaubt worden, das Abitur zu machen. Damit konnte er kein Schauspieler oder Pilot werden, wie er es sich erträumt hatte. Stattdessen begann er eine Ausbildung zum Kellner im Flughafenrestaurant in Schönefeld. Das Gefühl, eingesperrt zu sein und nicht selbst entscheiden zu können, was er mit seinem Leben anstellen wollte, belastete ihn. Er wollte verreisen, am liebsten nach Amerika.

Nachdem Chris gehört hatte, der Schießbefehl an der Grenze sei aufgehoben worden, machte er sich am 5. Februar mit seinem Freund auf den Weg. Ausgerüstet mit einer Gartenkralle, die ihnen als Wurfanker dienen sollte, krochen die beiden Freunde am 5. Februar 1989 stundenlang durch Berliner Schrebergärten und überwanden schließlich die Hinterlandmauer. Fünf Meter weiter lösten sie unwissentlich am Signalzaun einen Alarm aus. Grenzsoldaten nahmen sie unter Beschuss. Chris Gueffroy traf ein Brustschuss, der seinen Herzmuskel zerriss, auf dem

Weg ins Krankenhaus starb er. Karin Gueffroy hörte die Schüsse an der Grenze, da sie ganz in der Nähe wohnte. Sie wurde aber erst zwei Tage später von der Staatssicherheit über den Tod ihres Kindes informiert. Chris habe einen Anschlag auf eine militärische Einrichtung verübt und sei dabei verstorben, teilte man ihr mit, aus dem Herzdurchschuss wurde eine Herzverletzung. Sein Körper war zu diesem Zeitpunkt bereits eingeäschert worden.

Der Fall Chris Gueffroy wurde für die DDR zum Skandal. Erich Honecker hatte dem Ständigen Vertreter der Bundesrepublik in Ostberlin noch im Dezember 1988 versichert, dass an der innerdeutschen Grenze nur noch Warnschüsse abgegeben würden. Als er am 23. Februar 1989 bei einem Treffen mit dem Ministerpräsidenten Baden-Württembergs, Lothar Späth, auf den Mauertoten angesprochen wurde, wiederholte er seine Aussage. Zuvor hatten westdeutsche Medien berichtet, dass in Berlin ein DDR-Bürger auf der Flucht erschossen worden war, die *Berliner Zeitung* druckte eine Todesanzeige für Chris Gueffroy.

Bei der Beerdigung auf dem Friedhof Baumschulenweg in Treptow am 23. Februar waren zahlreiche Vertreter westlicher Medien zugegen, und auch die Staatssicherheit der DDR beobachtete die Szenerie. Anfang April wurde allen Grenzposten mitgeteilt, dass nicht mehr von der Schusswaffe Gebrauch gemacht werden dürfe, es sei denn, das eigene Leben wäre bedroht. Als Karin Gueffroy im September 1989 die DDR verließ, wurde ihr versichert, das Grab ihres Sohnes, so oft sie wolle, besuchen zu dürfen. Im Gegenzug verlangten die Behörden von ihr, in Westdeutschland wegen des Todes ihres Sohnes keine

Kampagne anzustoßen. Chris' Freund Christian Gaudian überlebte den Fluchtversuch und wurde Ende Mai 1989 wegen »versuchten ungesetzlichen Grenzübertritts im schweren Fall« zu drei Jahren Haft verurteilt.

Ein Riss im Eisernen Vorhang

Wenige Wochen zuvor, am 2. Mai 1989, hatten ungarische Grenzsoldaten damit begonnen, den Stacheldrahtzaun zu Österreich abzubauen. Der Eiserne Vorhang bekam Risse. Seitdem Michail Gorbatschow 1985 mächtigster Mann des Ostblocks geworden war, hatte sich in der UdSSR einiges geändert. Gorbatschow hatte Reformen eingeleitet, um den staatlichen Kommunismus und die gesellschaftliche Ordnung umzugestalten und die wirtschaftliche Krise, in der sich die Sowjetunion befand, zu überwinden. Unter dem Schlagwort »Perestroika« sollte vermehrt Transparenz und Offenheit geschaffen werden, der Begriff »Glasnost« stand für wirtschaftliche und politische Reformen. Gorbatschow wollte auch die Beziehungen zum Westen verbessern und eine friedliche Koexistenz der westlichen und östlichen Staaten sichern: Im »Haus Europa« sollte Platz für unterschiedliche politische Systeme sein. Das hatte Auswirkungen auf die anderen Ostblockstaaten, die nun unabhängig vom Politbüro in Moskau agieren konnten. Doch Gorbatschows Reformen entfernten die Regierung der DDR von der UdSSR. Der deutsche Arbeiter-und-Bauern-Staat befand sich zwar ebenfalls in einer wirtschaftlichen Krise und stand 1989 fast vor der Zahlungsunfähigkeit. Das Zentralkomitee der SED hielt aber an seinem Kurs fest. Erich Honecker fürchtete, durch die sowjetischen Reformen seinen Machtanspruch zu verlieren. Man versuchte, sich vom Kurs der Sowjetunion abzugrenzen. Das hatte unter anderem zur Folge, dass in der DDR kaum noch Literatur oder Filme aus dem Bruderstaat veröffentlicht wurden. Besonders viel Kritik an diesem Vorgehen erntete die Staatsführung bei ihren Bürgern, als sie 1988 die sowjetische Jugendzeitschrift *Sputnik* mit dem Hinweis verbot, dass sie keinen Beitrag zur Festigung der deutsch-sowjetischen Freundschaft leiste. Für die Oppositionsbewegungen in der DDR, Polen, der Tschechoslowakei und Ungarn bedeuteten Gorbatschows Reformen jedoch Aufwind.

Im März 1989 trat Ungarn der Genfer Flüchtlingskonvention bei, ab dem 12. Juni konnte das Land Flüchtlinge aus der DDR, die über die Grenze zwischen Ungarn und Österreich in Richtung Bundesrepublik reisen wollten, nicht wieder in die DDR zurückschicken. Am 27. Juni zerschnitten die Außenminister Österreichs und Ungarns in der Nähe von Sopron symbolisch den Stacheldrahtzaun zwischen ihren Ländern, und im darauffolgenden Sommer machten ungewöhnlich viele DDR-Bürger Urlaub in Ungarn. Der Erfolg solcher Fluchtvorhaben war allerdings nicht abzuschätzen. Die Grenzposten an der ungarischen Grenze konnten die Menschen wieder zurückschicken, wenn sie sie entdeckten. Die ungarischen Behörden hatten DDR-Vertretern gegenüber erklärt, dass DDR-Bürgern eine Ausreise in den Westen nicht gestattet würde. Und ob sich Ungarn an die Flüchtlingskonvention halten würde, den Flüchtenden politisches Asyl gewähren und sie nicht wieder in den Bruderstaat zurückschicken würde, war ungewiss. Die DDR-Bürger, die es nicht nach Österreich ge-schafft hatten, waren in der Zwickmühle. Würden sie in die DDR zurückkehren, hätten sie mit einer Verurteilung wegen »ungesetzlichen Grenzübertritts«, »rechtswidriger Nichtrückkehr« oder »nicht fristgemäßer Rückkehr« zu rechnen. Aber wohin dann? Die DDR-Bürger flüchteten sich in die Botschaften der Bundesrepublik in Budapest und Prag.

Anfang August saßen 130 Ausreisewillige in der Bu-dapester Botschaft und 20 in Prag. Die westdeutschen Medien begannen, über die Botschaftsflüchtlinge zu berichten. Im *Spiegel* war am 14. August von »ein paar hundert frustrierten Ostdeutschen« zu lesen, »die sich in den Bonner Missionen in Ostberlin, Budapest, Prag und Warschau festgesetzt hatten, um sich auf diese Weise den Weg in die Bundesrepublik freizupressen«. Der Kanzler-amtsminister Rudolf Seiters äußerte, man habe nicht vor, »die DDR zu entvölkern«. Der Staatssekretär im Inner-deutschen Ministerium, Walter Priesnitz, erklärte sogar: »Die Menschen sollen möglichst drüben bleiben, wo sie sind, damit die Wiedervereinigung nicht in der Bundes-republik stattfinden muß.«

Als die Zahl der Flüchtlinge weiter stieg, schloss die Bundesrepublik die Botschaften in Budapest und Prag. Kurze Zeit später durften die Menschen in Budapest mit Erlaubnis der ungarischen Regierung und Papieren des Internationalen Komitees des Roten Kreuzes ausrei-sen. Da jedoch weiterhin viele Menschen aus der DDR eintrafen, blieb die Lage angespannt. Einen vorläufigen Höhepunkt erreichte die Entwicklung am 19. August. In einer Diskussionsveranstaltung mit dem österreichischen Europapolitiker Otto Habsburg in Debrecen hatte ein ungarischer Aktivist im Juni ein »paneuropäisches Picknick« vorgeschlagen: Österreicher und Ungarn sollten auf der jeweiligen Seite der Grenze gemeinsam ein Grillfest feiern, um die Unterschiede zwischen den verschiedenen Grenzen des Eisernen Vorhangs zu verdeutlichen – zwischen West- und Ostdeutschland wäre ein solches Picknick undenkbar gewesen. Aus der spontanen Idee entwickelte sich über den Sommer eine konkrete Planung. Jetzt sollte nicht mehr nur gegrillt werden, auch der Grenzzaun sollte noch einmal symbolisch durchgeschnitten werden. Als man am Nachmittag des 19. August vor der versammelten Weltpresse in Sopron zur Tat schritt, waren bereits zahlreiche DDR-Bürger vor Ort. An der Straße stauten sich die Autos aus der DDR. Ihre Besitzer wollten die vermeintlich einmalige Gelegenheit nutzen, durch das Loch im Zaun in den Westen zu fliehen. 661 Menschen schafften es an diesem Tag nach Österreich und von dort weiter in die Bundesrepublik. Sie ließen alles zurück – selbst die Autos, mit denen sie gekommen waren und die für eine Familie in der DDR das ganze Vermögen bedeuten konnten, blieben in Ungarn stehen. Sopron markierte den Beginn einer Massenfluchtbewegung. Der ungarische Außenminister verkündete am 10. September, dass jeder sich in Ungarn aufhaltende DDR-Bürger in das Land seiner Wahl ausreisen könne. Bis Ende September flohen über 30 000 Menschen über Ungarn in den Westen.

Etwa 400 Kilometer entfernt von Sopron befanden sich Ende September 4000 Menschen auf dem Gelände der bundesrepublikanischen Botschaft in Prag. Obwohl der

Botschafter Hermann Huber das Palais Lobkowicz schon im August für den Publikumsverkehr geschlossen hatte, kamen täglich neue Ausreisewillige hinzu und überwanden den bis zu vier Meter hohen Zaun der Botschaft. Die Lage hinterm Zaun war katastrophal. Es herrschten Seuchen-, Brand- und Einsturzgefahr. Ständiger Regen hatte das eigentlich repräsentative Gelände in eine Schlammwüste verwandelt. Im Garten der Botschaft standen Zelte mit Bundeswehr-Stockbetten, Frauen und Kinder waren zum größten Teil im Haupthaus der Botschaft untergebracht worden. Die Menschen warteten oft Stunden darauf, die Toilette benutzen zu können. Schon im August, als sich noch vergleichsweise wenige Geflüchtete in der Botschaft aufhielten, hatten einige ihre Lage in einem Brief an den *Spiegel* geschildert, und erläutert, warum sie trotz der widrigen Umstände nicht zurück in die DDR wollten: »Jeder der hierher Geflohenen weiß, daß trotz Zusagen der DDR betreffs Straffreiheit ›zu Hause‹ doch Schikanen und Psychodruck auf jeden Rückkehrer warten. Und die ›wohlwollende‹ Bearbeitung durch die Behörden ist ja doch von ›Willkür eigenen Stils‹ geprägt.«

Die internationale Aufmerksamkeit für die Zustände in der Botschaft hatte Folgen. Dem Prager Botschafter Huber wurde klar, dass die steigende Zahl der Geflüchteten ein Druckmittel war, um »ein sehr viel größeres geschichtliches Rad in Bewegung zu setzen«. Das bedeutete: durchhalten, wenn auch das Klima unter den Ausreisewilligen auf dem Gelände täglich angespannter wurde. Man bezichtigte sich gegenseitig, Agent der Staatssicherheit zu sein, offizielle Vertreter der DDR, die die Botschaft mit Rückkehrangeboten aufsuchten, wurden ausgepfiffen. Am

30. September 1989 war die Botschaft mit mehr als 10 000 Menschen derart überfüllt, dass auf jedem Treppenabsatz im Hauptgebäude zwei Menschen schliefen. Depressiv, fast wie nach einer Katastrophe habe man sich gefühlt, erinnerte sich Botschafter Huber.

Plötzlich kam das Gerücht auf, hoher Besuch habe sich angekündigt. Am Abend trat dann der bundesrepublikanische Außenminister Hans-Dietrich Genscher auf den Balkon des Palais Lobkowicz. Genscher, der die DDR selbst 1952 verlassen hatte, konnte seinen »lieben Landsleuten« mitteilen, dass ihre Ausreise in die Bundesrepublik Deutschland möglich geworden sei. Das Ende seines berühmten Satzes ging im tosenden Jubel der Botschaftsflüchtlinge unter.

Bleiben, um verändern zu können

Doch nicht alle hatten im Sommer 1989 vor, die DDR zu verlassen. Zwar hatte sich die Zahl der Ausreiseanträge trotz der damit einhergehenden Repressionen zwischen 1980 und 1988 verfünffacht, aber in der DDR waren auch zunehmend oppositionelle Gruppen aktiv, die den Staat lieber verändern wollten, als ihn zu verlassen. Die Arbeit dieser Gruppen war vor allem deswegen möglich geworden, weil die DDR 1975 die Schlussakte der »Konferenz über Sicherheit und Zusammenarbeit« in Helsinki unterzeichnet hatte. 35 Staaten aus Ost und West hatten sich darin zur Einhaltung von zehn Prinzipien verpflichtet, unter anderem die Achtung der Menschenrechte und Grundfreiheiten. Mit Verweis auf die Schlussakte konnten sich oppositionelle Gruppen in der DDR nun besser behaupten. Die ersten Gruppen, die sich Ende der 1970er-Jahre gebildet hatten, waren meist im Umfeld der Kirchen aktiv und setzten sich für den Frieden ein. Während der »Doppelbeschluss« der NATO 1979 die Stationierung neuer atomarer US-Mittelstreckenraketen in Westdeutschland bedeutete, hatte die Sowjetunion in den 1970er Jahren bereits ihr Waffenarsenal modernisiert. In der DDR war darüber hinaus 1978 für alle Schülerinnen und Schüler der 9. und 10. Klassen der Wehrkundeunterricht eingeführt worden, der neben der Vermittlung von militärischem und politischem Grundlagenwissen auch praktische Übungen zur Landesverteidigung umfasste.

Die Friedensbewegung in der DDR forderte zu Beginn der 1980er-Jahre die Abrüstung auf beiden Seiten. Und auch in der Bundesrepublik begann ein breites zivilgesellschaftliches Bündnis für den Frieden zu demonstrieren. Die Angst vor einem Atomkrieg brachte die Bürger auf die Straße. 500 000 Menschen protestierten am 22. Oktober 1983 im Bonner Hofgarten gegen die Stationierung der Mittelstreckenraketen, bundesweit waren es über eine Million.

In der DDR wirkte die Bewegung »Schwerter zu Pflugscharen« über die Grenzen der kirchlichen Öffentlichkeit hinaus. Jugendliche trugen das pazifistische Bibelzitat als Aufnäher auf ihrer Kleidung, verweigerten sich dem Wehrkundeunterricht und dem Wehrdienst bei der NVA. Auch Marianne Birthler, die als Katechetin und Gemeindehelferin im Prenzlauer Berg arbeitete, trug den Aufnäher »Schwerter zu Pflugscharen« auf ihrer Kleidung. Als Angestellte der Kirche musste sie sich dafür dem Staat gegenüber nicht verantworten. Gegen oppositionelle Jugendliche wurde jedoch hart vorgegangen, Personenkontrollen, aber auch Verhaftungen waren an der Tagesordnung, einige von ihnen wurden in den Westen abgeschoben. Trotzdem wurde die Opposition stärker. Vor allem in den Großstädten bildeten sich unterschiedliche Gruppierungen, die sich unabhängig von ihren jeweiligen Zielen darin einig waren, dass die DDR verändert werden musste. Sie forderten, den Staat zu demokratisieren, die Medien zu reformieren und Reisefreiheit einzuführen.

Zum Ende des Jahrzehnts war die Bewegung so groß geworden, dass die DDR-Führung sich zum Handeln gezwungen sah. Die Staatssicherheit führte nun regelmäßig Razzien durch und setzte Spitzel, die sogenannten »Inoffiziellen Mitarbeiter«, auf Mitglieder der Oppositionsbewegung an. Doch die Arbeit der Gruppen war trotz Stasiüberwachung erfolgreich, und sie schafften es mit ihren Botschaften vermehrt in die Öffentlichkeit. Im Januar 1988 hielt die »Initiative Freiheit für Andersdenkende« bei der jährlichen Kampfdemonstration für Rosa Luxemburg und Karl Liebknecht Transparente in die Höhe, die der Staatssicherheit nicht passten. Es waren Zitate wie Luxemburgs Ausspruch »Freiheit ist immer die Freiheit des Andersdenkenden« zu lesen, doch der Staat fürchtete die Oppositionsbewegung mittlerweile so sehr, dass er nicht einmal die Worte derjenigen lesen wollte, deren er gerade offiziell gedachte. 150 Personen hatte das Ministerium für Staatssicherheit bereits »zur Verhinderung provokativer feindlicher Aktivitäten« vorübergehend verhaftet und so daran gehindert, an der Demonstration teilzunehmen. Das Ministerium hatte darüber hinaus seine Angestellten informiert: Feindliche Kräfte würden im »politischen Untergrund« gegen die DDR arbeiten und die Bevölkerung aufwiegeln. Dabei würden sie eng mit der Bundesrepublik zusammenarbeiten, um Druck auf die Partei- und Staatsorgane auszuüben und die DDR international zu diskreditieren.

Eine Handlungsanweisung des Ministeriums für das Vorgehen gegen diese Gruppen lautete: »Zur Verhinderung der Bildung weiterer Gruppen sind alle Möglichkeiten des differenzierten Vorgehens, bis hin zu zielgerichteten Übersiedlungen, in begründeten Fällen anzuwenden.« Wie dieses »differenzierte Vorgehen« aussehen konnte, zeigte sich am Tag nach der Gedenkveranstaltung für Karl Liebknecht und Rosa Luxemburg. Die Bürgerrechtler der »Initiative Frieden und Menschenrechte in der DDR« wurden verhaftet und in das Gefängnis der Staatssicherheit in Hohenschönhausen gebracht. Sie hatten sich seit Beginn der 1980er-Jahre in der Friedensbewegung engagiert und dafür zum Teil Berufsverbote erhalten. Ihre Namen waren über die Grenzen der DDR hinaus bekannt. Noch am Tag vor seiner Verhaftung hatte ihr Sprecher Ralf Hirsch dem *Deutschlandfunk* ein Interview über die repressiven Maßnahmen im Vorfeld der Demonstration gegeben. In Hohenschönhausen wurden die Verhafteten vor die Wahl gestellt: Abschiebung aus der DDR oder eine Anklage wegen »landesverräterischer Agententätigkeit«. In der DDR kam es wegen der Verhaftung der prominenten Oppositionellen zu landesweiten Protesten. Die Verhaftungen wurden zum Gesprächsthema, Menschen schickten Beschwerdebriefe, sogenannte Eingaben, an die Partei und sammelten 35 000 Mark für die Prozesskosten der Festgenommenen. Die Staatsführung spürte den Widerstand gegen ihr Vorgehen und wollte eine Anklage gegen die Inhaftierten nun nicht mehr riskieren. Ralf Hirsch und einige andere wurden in den Westen abgeschoben, manche, wie Bärbel Bohley und Marianne Birthlers Freund Werner Fischer, wurden zu einem Studienaufenthalt nach England geschickt. Von diesem Aufenthalt kehrten sie Mitte des Jahres zurück und nahmen ihre Oppositionsarbeit wieder auf, während Ralf Hirsch und andere abgeschobene Oppositionelle sich im Westen für Veränderungen in der DDR einsetzten.

Als Ungarn im Mai 1989 mit dem Abbau der Grenze zu Österreich begann, wurde in der DDR zum ersten Mal die Alleinherrschaft der SED in aller Deutlichkeit öffentlich infrage gestellt. In vielen Wahllokalen beobachteten Bürger die Auszählungen der Stimmen zur Kommunalwahl am 7. Mai und stellten fest, dass Urnen vorzeitig geöffnet, Wählerlisten manipuliert, ungültige Stimmen als Ja-Stimmen gezählt und Nein-Stimmen unterschlagen worden waren. Schließlich hatte man noch die Wahlbeteiligung nach oben korrigiert. Dass die Wahlen, bei denen man nur über eine Einheitsliste abstimmen konnte, nicht demokratisch waren, war schon immer offensichtlich gewesen – nun machte sich aber auch hier der anhaltende Protest bemerkbar: Bei der Generalstaatsanwaltschaft wurden einige Hundert Anzeigen wegen Wahlfälschung gestellt. Auf Weisung der Staatssicherheit wurde nicht eine davon verfolgt.

In der Rückbetrachtung lassen sich all diese Ereignisse unwillkürlich als Vorzeichen für den bevorstehenden Fall der Mauer lesen – im Sommer und im Herbst 1989 war er jedoch keineswegs vorherzusehen. Wie ein sozialistischer Staat mit Oppositionellen umgehen konnte, hatte zuletzt das chinesische Militär am 4. Juni 1989 gezeigt, als es im Zentrum Pekings Proteste der Bevölkerung gewaltsam niedergeschlagen hatte. In der DDR war ein solches Szenario ebenfalls denkbar – das Vorgehen der chinesischen Behörden war von der DDR-Führung seinerzeit begrüßt worden.

Auch in Leipzig hatte sich der Protest über das Jahr 1989 immer weiter verstärkt. Schon im Januar waren mehrere Hundert Menschen schweigend durch die Innenstadt gezogen. Die Polizei hatte die Demonstration aufgelöst und 53 Demonstrierende vorläufig festgenommen. Angesichts des internationalen Drucks und der Protestwelle, die es bei der Luxemburg-Demonstration ein Jahr zuvor gegeben hatte, wurden die Festgenommenen wieder freigelassen. Am Montag, dem 4. September, wurden in Leipzig die Friedensgebete fortgesetzt. Und nun waren es nicht mehr wenige Hundert, sondern schon fast tausend, die sich in der Nikolaikirche versammelten. 800 von ihnen demonstrierten im Anschluss für »Reisefreiheit statt Massenflucht« und »Ein offenes Land mit freien Menschen«. Von da an kam es an jedem Montag zu Demonstrationen. Bis zum Ende des Monats war die Nikolaikirche zu klein geworden: 2500 Menschen wollten an der Veranstaltung teilnehmen. Danach zogen mehrere Tausend auf den Leipziger Ring. Der Protest, der in Leipzig begonnen hatte, sprang auf die gesamte DDR über. In kleinen und großen Städten überall im Land regte sich Widerstand.

Die landesweiten Proteste kamen der Staatsführung Anfang Oktober sehr ungelegen: Am 7. Oktober jährte sich die Gründung der DDR zum 40. Mal, und die Regierung plante, das Staatsjubiläum in Berlin mit Gästen aus der Sowjetunion und anderen sozialistischen Bruderstaaten zu zelebrieren – und zwar ungestört. Schweres Kriegsgerät rollte während der Ehrenparade der Nationalen Volksarmee und der Grenztruppen die Karl-Marx-Allee hinab, überall wehten rote Flaggen. Als die SED-Führung am Nachmittag im Palast der Republik feiern wollte, erwartete sie auf der gegenüberliegenden Spreeseite ein Demonstrationszug, der »Wir wollen Freiheit!« rief. Auch wenige Meter weiter, am Alexanderplatz, wurde demonstriert, die Finger zum Peacezeichen erhoben. Eigentlich hatte dort im Rahmen des Jubiläums ein Volksfest stattfinden sollen.

Dass der 40. Geburtstag der DDR für viele ihrer Bürger kein Grund zum Feiern war, quittierte die Staatssicherheit mit einem rigorosen Vorgehen. Zum Teil noch auf der Straße, spätestens aber auf den Polizeiwachen wurden die Demonstrierenden brutal zusammengeschlagen. Wahllos wurden Menschen verhaftet und drangsaliert. In der Gethsemane-Kirche, die ein Sammelpunkt für Oppositionelle im Prenzlauer Berg war, hörte die 41-jährige Marianne Birthler zusammen mit anderen Oppositionellen von den Verhaftungen und begann, die Angehörigen der Betroffenen zu informieren. Am nächsten Tag schätzte sie die Zahl der in Gewahrsam Genommenen auf 1200. Nach ihrer Entlassung aus der Haft kamen viele von ihnen in die Gethsemane-Kirche, wo sie Marianne Birthler ihre Erlebnisse schilderten. Birthler verschriftlichte in diesen Tagen Hunderte Gedächtnisprotokolle von Demütigungen und Gewalt.

Nicht nur in der Hauptstadt der DDR wurde am Staatsgeburtstag demonstriert, auch in der Provinz war man nicht feierlich gestimmt. In Ilmenau, Dessau, Dippoldiswalde, Guben, Rosslau und Torgau gingen die Menschen auf die Straße und riefen »Demokratie – jetzt oder nie!«. In Aschersleben hatte man kurzerhand das Staatssymbol aus der DDR-Fahne geschnitten, in Plauen demonstrierten die Bürger unter der Forderung »40 Jahre sind genug«.

Der Stasi-Chef Erich Mielke schrieb am 8. Oktober an alle Dienststellenleiter des Ministeriums, dass sich die Gefahr der Zusammenrottung »oppositioneller« sowie »feindlich-negativer und rowdyhafter Kräfte« verschärft hätte. Nicht nur die »öffentliche Ordnung und Sicherheit«, auch die »sozialistische Staats- und Gesellschaftsordnung der DDR« seien dadurch bedroht. Für alle Diensteinheiten bestünde deswegen bis auf Widerruf »volle Dienstbereitschaft«, so der Minister. Es seien ausreichende Reservekräfte bereitzuhalten, deren kurzfristiger Einsatz unter anderem »zu offensiven Maßnahmen zur Unterbindung und Auflösung von Zusammenrottungen« zu gewährleisten sei. Der nächste Tag war ein Montag.

Wie würde der Staat mit der Leipziger Montagsdemonstration umgehen? Den ganzen Tag über zirkulierten Gerüchte, die NVA sei in der Stadt zusammengezogen worden. Die Angst vor der »chinesischen Lösung« war allgegenwärtig, nachdem man mitbekommen hatte, was nur Tage zuvor in Ostberlin passiert war. Die Verantwortlichen auf staatlicher Seite wussten derweil nicht, was zu tun war. Rückfragen an das Zentralkomitee der SED blieben unbeantwortet. Mielke hatte nur Einsatzbereitschaft gefordert, aber nichts von einem Vorgehen gegen die Demonstrierenden geschrieben. Als am Abend die Nikolaikirche wieder zum Bersten gefüllt war, beschlossen die Autoritäten vor Ort, nicht einzuschreiten. Solange diese friedlich blieben, wollten sie auch die 70 000 Menschen, die sich nach dem Gebet vor der Kirche versammelten, gewähren lassen. Als die Menge unter »Wir sind das Volk!«-Rufen am Gebäude der Staatssicherheit vorbeizog, hielt man sie nicht auf.

»Für die nächsten zwanzig Jahre ist die SED weg vom Fenster«

Die Tage von Erich Honecker als Zentralratsvorsitzender der SED waren gezählt, er war untragbar geworden. Er selbst war sich keiner Schuld bewusst. Er wollte weitermachen wie zuvor und notfalls »von der Macht Gebrauch machen«: Honecker dachte darüber nach, ein Panzerregiment durch Leipzig fahren zu lassen, um die Demonstrierenden abzuschrecken. Am 17. Oktober befand ein Mitglied des Politbüros, die Stimmung in der SED sei »so beschissen« wie noch nie. Einen Tag später entband das Politbüro den Genossen Erich Honecker von seinen Funktionen als Generalsekretär und Mitglied im Politbüro des Zentralkomitees der SED. Als Grund wurde seine Gesundheit genannt. Sein Nachfolger wurde Egon Krenz.

Wie viele andere machte sich Marianne Birthler, eingehüllt in einen dicken Parka, am frühen Morgen des 4. November auf den Weg zum Alexanderplatz. Sie sollte bei einer Demonstration sprechen, zu der Jutta Seidel und die Schauspielerin Jutta Wachowiak aufgerufen hatten. Die Historikerin Jutta Seidel gehörte zum »Neuen Forum«, einem Zusammenschluss von Friedens-, Menschenrechts- und Umweltbewegung, das sich am 19. September gegründet hatte und demokratische Reformen forderte. Die Behörden hatten die Demonstration an diesem späten Herbsttag genehmigt, hinderten allerdings Ralf Hirsch und den Liedermacher Wolf Biermann, der 1976 aus der DDR ausgebürgert worden war, an der Einreise.

Eine dünne Wolkenschicht tauchte den Alexanderplatz an diesem Tag in ein diffuses helles Licht, erinnerte sich Günter Schabowski später. Er saß in einem Café in der Nähe. Heute wollte er als hoher SED-Funktionär mit den Demonstrierenden in einen Dialog treten. Marianne Birthler machte sich draußen ein Bild von der Lage. Die Menschen trugen Plakate mit Forderungen wie »Rechtssicherheit statt Staatssicherheit« oder »Dieser Demo bester Lohn – Stasi in die Produktion«, sie war beeindruckt: »So viel Mut und Witz hätten wir nach den langen bleiernen Jahren von der DDR-Bevölkerung nicht erwartet.« Im Café wurde Günter Schabowski mit beißender Kritik konfrontiert. Die Zigarre im Mund, raunte ihm der Dramatiker Heiner Müller, der heute ebenfalls sprechen sollte, zu: »Für die nächsten zwanzig Jahre ist die SED weg vom Fenster. Da könnt ihr euch regenerieren.« Schabowski versuchte, Müllers Prophezeiung wegzulächeln.

Bei der Demonstration gab es insgesamt 20 Redebeiträge, das DDR-Fernsehen übertrug live. Bevor Günter Schabowski die Rednerbühne betrat, klopfte ihm der oppositionelle Theologe Friedrich Schorlemmer auf die Schulter, Schabowski antwortete: »Ich steig ja nicht aufs Schafott.« Vielleicht fühlte es sich dennoch ein wenig danach an – als er das Rednerpult betrat, ertönten Pfiffe und Buhrufe, es empfing ihn »das Meer von Transparenten mit frechen, witzigen Parolen, die die stolpernde SED-Macht verhöhnten«. Schabowski bekundete seinen Respekt für die Veranstalter der Kundgebung, gleichzeitig warb er für die Reformen des neuen Staatsratsvorsitzenden Egon Krenz. Die Antwort aus der Menge: »Abtreten! Abtreten!« Marianne Birthlers Beitrag hatte man zwischen die der Vertreter des Systems gelegt. Dass sie gemeinsam mit den SED-Politikern Gregor Gysi und Markus Wolf bei der Demonstration auftreten sollte, hätte sie sich nie erträumt, und in der Erinnerung wundert sie sich, dass sie sich damals dazu bereit erklärte. Und warum sollte ausgerechnet sie reden, es gab doch so viele andere, viel Klügere. Sie hatte Lampenfieber, ihre Knie zitterten. Dann begann sie: »Wir sind hier, weil wir Hoffnung haben. Auf diesem Platz ist hunderttausendfache Hoffnung versammelt. Hoffnung, Fantasie, Frechheit und Humor.«

Als sich der Platz nach der Demonstration geleert hatte, es waren etwa 200 000 Menschen da gewesen, unterhielt sich Marianne Birthler mit ihrem Begleiter über die Erlebnisse des Tages. Sie war sich sicher, dass die Menschen in der DDR nun keine Angst mehr vor der Staatsmacht hatten, dass sich das, was in den letzten Wochen passiert war, nicht mehr ungeschehen machen ließ.

Der Staat war zum Handeln gezwungen. Am 6. November veröffentlichte der Ministerrat der DDR den ersten Entwurf eines Reisegesetzes, der auf breite Ablehnung stieß. Einen Tag später wurde dem Botschafter in Prag ein Ultimatum gestellt. Die DDR solle eine andere Lösung des »Ausreiseproblems« ihrer Bürger finden, über die Tschechoslowakei ginge es jedenfalls nicht mehr. Am 8. November demonstrierten vor dem Gebäude des Zentralkomitees sogar 10 000 Mitglieder der SED für eine Parteiführung, die auf das Volk hört. Einen Tag später traf sich am 9. November 1989 im Innenministerium eine Arbeitsgruppe, die einen »Ministerratsbeschluss zur ständigen Ausreise aus der DDR« entwerfen sollte. Bis zwölf Uhr entschied die Gruppe, »Nägel mit Köpfen zu machen«, und entwarf eine Regelung, nach der Privatreisen möglich werden sollten – allerdings nur für die vier Millionen DDR-Bürger, die einen Reisepass hatten. Die Meldung dazu sollte am nächsten Morgen um vier Uhr über den Ticker des *Allgemeinen Deutschen Nachrichtendienstes* an die Öffentlichkeit gehen, damit sich die Grenzübergangsstellen auf die vielen Ausreisewilligen vorbereiten konnten. Am Nachmittag stellte Egon Krenz die Verordnung im Haus am Werderschen Markt dem Zentralkomitee der SED vor. Auf die Frage, wer die Regelung veröffentlichen sollte, antwortete Krenz: »Ich würde sagen, dass der Regierungssprecher das gleich macht, ja.« Nun war keine Rede mehr davon, die Meldung erst in den frühen Morgenstunden des nächsten Tages bekannt zu geben, und derjenige, der sie mitteilen sollte, war nicht vor Ort.

Günter Schabowski hatte alle Hände voll zu tun. Er wechselte ständig zwischen der Sitzung des Zentralkomitees und Gesprächen mit Journalisten hin und her. Einen Tag zuvor hatte er das Amt des Regierungssprechers der DDR übernommen. Beschwingt von seinem Auftritt auf dem Alexanderplatz glaubte er weiterhin daran, die DDR durch Reformen retten zu können. Später berichtete er, dass ihn eine merkwürdige Euphorie angetrieben habe, die die Anspannung überlagerte. Als er um kurz vor 18 Uhr zur Pressekonferenz in die Mohrenstraße aufbrechen wollte, fragte er Egon Krenz, ob dieser ihm noch etwas mitzugeben hätte. Der drückte ihm den soeben gefassten Beschluss über die neue Reiseregelung in die Hand. Auf der nur 500 Meter langen Fahrt ins Pressezentrum blieb Schabowski keine Zeit mehr, ihn zu lesen.

Im Pressezentrum angekommen, sah Schabowski, dass jeder der roten Stühle im Zuschauerraum besetzt war, er musste sich mühevoll einen Weg vorbei an den Kameramännern bahnen. Die Pressekonferenzen, die die DDR-Regierung in diesen Tagen gab, waren ungewöhnlich, da sie diesen Namen tatsächlich verdienten. Die DDR-Regierung informierte in- und ausländische Journalistinnen und Journalisten und stellte sich deren Fragen. Das hatte sie seit langer Zeit nicht mehr getan. Noch dazu wurden die Konferenzen live im Fernsehen übertragen.

Die Veranstaltung nahm ihren Gang. Schabowski sprach langsam und in komplizierten Sätzen, im typischen Ton der SED-Verlautbarungen. Doch kurz vor Ende der Pressekonferenz stellte der italienische Journalist Riccardo Ehrmann eine Frage zu dem Reisegesetzentwurf, der in den Tagen zuvor auf so viel Kritik gestoßen war. Schabowski antwortete lang und breit, dass die Reisefreiheit ein wichtiges Anliegen der DDR-Bevölkerung sei, und dann – als fiele es ihm soeben ein – sagte er: »Und deshalb haben wir uns dazu entschlossen, heute eine Regelung zu treffen, die es jedem Bürger der DDR möglich macht, über Grenzübergangspunkte der DDR auszureisen.« Plötzlich war das Publikum hellwach. Auf die Nachfrage, ab wann die Regelung in Kraft trete, setzte sich Schabowski die Brille auf, las, während er sprach, in dem Papier, das ihm Krenz gegeben hatte, und wunderte sich, dass die anwesenden Journalistinnen und Journalisten noch nichts von der Regelung mitbekommen hatten: »Also: Privatreisen nach dem Ausland können ohne Vorliegen von Voraussetzungen – Reiseanlässe und Verwandtschaftsverhältnisse – beantragt werden. Die Genehmigungen werden kurzfristig erteilt. Die zuständigen Abteilungen Pass- und Meldewesen der Volkspolizeikreisämter in der DDR sind angewiesen, Visa zur ständigen Ausreise unverzüglich zu erteilen, ohne dass dafür noch geltende Voraussetzungen für eine ständige Ausreise vorliegen müssen.« Ein anderer Journalist wollte wissen, wann diese Regelung in Kraft trete, darauf antwortete Schabowski mit den berühmten Worten: »Das tritt nach meiner Kenntnis ... ist das sofort, unverzüglich.« Nun wollte jeder mit Schabowski sprechen. Als er um 19 Uhr die Pressekonferenz beendete, äußerte er sich zur Zukunft der Berliner Mauer nur noch stammelnd: »Die Frage des Reisens, die Durchlässigkeit also der Mauer von unserer Seite, beantwortet noch nicht und ausschließlich die Frage nach dem Sinn, also dieser, ich sag's mal so, befestigten Staatsgrenze der DDR.«

»DDR-Ausreise: Ausreise über alle DDR-Grenzübergänge ab sofort möglich – Schabowski« tickerte zwei Minuten später die Agentur *Reuters*. An den Grenzstellen der DDR wusste indes niemand, wie mit dieser Regelung umzugehen war. Beim »Grenzkommando Mitte« in Karlshorst, das die Grenzbewachung für ganz Berlin koordinierte, entschloss man sich dazu, nichts zu tun. Schabowskis Mitteilung hatte den Kommandeur des Grenzkommandos ratlos und erstaunt zurückgelassen. Gemeinsam mit den Obersten verließ er kurz nach der Pressekonferenz die Dienststelle in den Feierabend. Dem in der Nacht diensthabenden Kollegen wurde mitgeteilt, er solle sich melden, »wenn was sei«. Der Kommandeur war der Meinung: »Wenn die uns nicht informieren, mache ich nichts.« Auch an den Grenzübergängen selbst hielt man das Ganze für einen schlechten Scherz. Der Chef am Checkpoint Charlie hatte nichts von der Pressekonferenz mitbekommen und glaubte, sein Mitarbeiter hätte Schabowskis Worte falsch verstanden. Am Grenzübergang an der Bornholmer Straße fluchte ein Oberstleutnant: »Das ist doch absoluter geistiger Dünnschiss!« Wenige Minuten später hatten sich die ersten Bürger vor dem Grenzübergang versammelt. Sie alle kamen aus dem Prenzlauer Berg, wo viele Oppositionelle lebten. Manche hatten sich im Schlafanzug aus dem Haus begeben. Die Straßenbahn, die fast direkt vor der Grenzübergangsstelle hielt, spuckte im 20-Minuten-Takt Menschen aus. Alle wollten sich davon überzeugen, dass sie nun nach Westberlin konnten. Um 21 Uhr stauten sich die Autos bis zur Schönhauser Allee. Noch musste die Presse auf der anderen Seite aber auf Fotos von Grenzübertritten warten.

Bundeskanzler Helmut Kohl befand sich auf Staatsbesuch in Warschau. Da zu diesem Anlass auch der Pogrome von 1938 gedacht werden sollte, begleitete ihn der Vorsitzende des Zentralrats der Juden in Deutschland, Heinz Galinski. In Bonn unterbrach sein Kanzleramtschef Rudolf Seiters an diesem Abend die Abstimmung des Bundestags über »steuerliche Erleichterungen für die gemeinnützigen Sportvereine und andere gemeinnützige Vereine«. Er sprach die neue Reiseregelung in der DDR an und forderte das Parlament auf, in dieser historischen Stunde die Solidarität mit den Bürgern der DDR zum Ausdruck zu bringen. Und es passierte etwas, das im Bundestag selten passiert: Alle Fraktionen klatschten Beifall. Und dann, ohne dass es geprobt gewesen wäre, fand noch etwas Ungewöhnliches statt: Alle Abgeordneten erhoben sich und sangen die Nationalhymne.

In Westdeutschland schien man sich der Sache schon sicher. Der Moderator der *Tagesthemen,* Hanns-Joachim Friedrichs, verkündete um 22.41 Uhr: »Dieser 9. November ist ein historischer Tag. Die DDR hat mitgeteilt, dass ihre Grenzen ab sofort für jedermann geöffnet sind.« Günther von Lojewski, der Intendant des *Sender Freies Berlin,* zog in seinem Kommentar sogar einen historischen Vergleich: Der 9. November sei schon einmal ein großer Tag für die Deutschen gewesen. Er erinnerte daran, dass vor 71 Jahren Reichskanzler Prinz Max zu Baden die Regierungsgeschäfte an Friedrich Ebert übergeben und Philipp Scheidemann die Republik ausgerufen hatte. Heute habe man am 9. November wieder Anlass zur Freude. Dass am 9. November in der deutschen Geschichte auch ganz andere, schreckliche und unmenschliche Dinge vorgefallen

waren, erwähnte von Lojewski nicht. Die Gedenkveran-
staltungen zur Reichspogromnacht hatten in Ost- und
Westberlin bereits einen Tag zuvor stattgefunden.

In Ostberlin drängten sich die Menschen noch immer
an den Grenzübergangsstellen. In der Sonnenallee hatten
kurz vor 22 Uhr erste Menschengrüppchen die Grenze
passieren dürfen. In der Bornholmer Straße hatte ein
Oberleutnant der Volkspolizei um 20.30 Uhr noch an die
wartende Menge appelliert, nach Hause zu gehen – das
werde heute nichts mehr. Aber niemand ging. Welche
Handlungsoptionen blieben den 40 Grenzern? Würden
sie schießen, wäre ihre Munition bald aufgebraucht. Auch
die angeforderten 50 bis 60 Mann konnten den Ansturm nicht aufhalten. Man machte sich Gedanken, wie
die Masse an Menschen abzufertigen war. Von oberster
Stelle kam schließlich die Anweisung, die »Provokativs-
ten« ausreisen zu lassen, und zwar mit einem Stempel im
Pass. Damit würde der Pass ungültig und eine Wieder-
einreise unmöglich. Die vorläufige Lösung bestand also
darin, alle Ausreisewilligen auszubürgern. Aber auch so
war dem Ansturm nicht beizukommen. Um 23.30 Uhr gaben die Grenzer der Forderung »Tor auf! Tor auf!« nach.
Ohne Kontrolle konnte nun jeder an der Bornholmer
Straße die Grenze zwischen der Bundesrepublik und der
DDR überqueren. An Stempel in den Pässen dachte niemand mehr. Am nächsten Tag schätzte man, dass allein
in der Dreiviertelstunde nach Öffnung der Tore 20 000
Menschen von der Bornholmer Straße in den Westen kamen. Zwei Minuten nach Mitternacht waren dann alle
Grenzübergänge in Berlin offen. Die Mauer war gefallen. Wildfremde Menschen lagen sich in den Armen. Die

wenigsten von ihnen wollten in dieser Nacht ausreisen. Viele wollten einfach nur mal nach drüben – jetzt, wo es ging.

Doch nicht nur Berlin war in dieser Nacht Schauplatz des Mauerfalls. Auch die innerdeutsche Grenze wurde an zahlreichen Orten geöffnet. Am Grenzübergang Selmsdorf/Lübeck-Schlutup durften Autos aus der DDR ab 22 Uhr die Grenze passieren. »Von Selmsdorf bis zum Horizont« habe die Trabischlange gereicht, sagten Zeitzeugen später. Die Grenzübergänge, die in dieser Nacht nicht geöffnet worden waren, waren es in den darauffolgenden Tagen. In den westdeutschen Städten an der Grenze hielten sich zum Teil mehr Besucher auf, als diese Einwohner hatten.

Der Mauerfall hatte sowohl die DDR als auch die Bundesrepublik über Nacht verändert und vor viele neue Fragen gestellt. Der Schriftsteller Peter Schneider, der als westdeutscher 68er an der Vorbereitung des »Springer-Tribunals« beteiligt gewesen war, saß weit entfernt in Hanover in New Hampshire und schrieb am 14. November 1989 in der *taz:* »Was immer die nun offene Tür an alten und neuen Konflikten sichtbar machen wird, der neue Zustand ist unendlich besser als der alte.« Die DDR sollte kein weiteres Jahr mehr bestehen. Am 28. November stellte Helmut Kohl im Bundestag überraschend ein »Zehn-Punkte-Programm« vor, das klar auf die deutsche Einheit zielte. Die DDR-Regierung setzte sich im Dezember regelmäßig mit Oppositionsgruppen am »runden Tisch« zusammen, und im März 1990 fand die erste freie Wahl zur Volkskammer statt. Unter den neu gewählten Abgeordneten war Marianne Birthler.

Nachdem öffentlich geworden war, dass die Mitarbeiter des Ministeriums für Staatssicherheit, das noch im November 1989 in »Amt für Nationale Sicherheit« umbenannt worden war, Akten vernichteten, besetzten Bürgerrechtler die Dienststellen. Sie sorgten dafür, dass ein großer Teil der Unterlagen, die der Staat jahrzehntelang über seine Bürger gesammelt hatte, erhalten blieben. Das Amt wurde aufgelöst. Die Akten der Stasi lagern seit dem 4. Oktober 1990 beim »Bundesbeauftragten für die Unterlagen des Staatssicherheitsdienstes der ehemaligen Deutschen Demokratischen Republik«, im September 2000 übernahm Marianne Birthler dieses Amt von Joachim Gauck. In der Behörde, die wegen ihres langen Namens oft nach dem amtierenden Beauftragten Gauck-, Birthleroder Jahn-Behörde genannt wird, können von der Stasi Verfolgte die sie betreffenden Akten einsehen. So fand Ralf Hirsch heraus, dass die Stasi in den 1980er-Jahren geplant hatte, ihn zu ermorden. In seiner Akte lag ein Zettel mit den Stichpunkten »besoffen einfrieren, Auto anbohren – Leitung« und »Paket – was reinmischen in Flaschen«. Die westdeutschen Behörden fanden beim Öffnen der Akten auch eine Gruppe von Menschen, nach denen sie seit Ende der 1970er-Jahre gefahndet hatten: Die DDR hatte RAF-Terroristinnen und -Terroristen aufgenommen und diese mit neuen Identitäten ausgestattet. 1990 flogen die Untergetauchten auf, wurden verhaftet und mussten sich in Prozessen für ihre Taten verantworten.

Auch die Mauerschützen wurden für ihre Taten zur Rechenschaft gezogen. Zwei Tage nach dem Mauerfall suchten Karin und Stephan Gueffroy die Stelle, an der Chris erschossen worden war. Im Schneegestöber fanden sie den genauen Ort in der Kleingartenanlage »Britzer Weg« in Treptow nicht, sondern wurden von einem Mann angeraunzt, dass sich hier nur Anwohner aufhalten dürften. Wochen später fand Karin Gueffroy die Stelle mit den Einschusslöchern. 1990 erstattete sie Anzeige gegen die Grenzsoldaten, die auf Chris geschossen hatten. Es war der erste der sogenannten Mauerschützenprozesse. Der Angeklagte wurde zunächst zu dreieinhalb Jahren Freiheitsstrafe verurteilt, der Bundesgerichtshof verringerte das Strafmaß in der Revision auf zwei Jahre auf Bewährung. Heute erzählt Karin Gueffroy als Zeitzeugin an Schulen vom Leben ihres Sohnes.

Die deutsche Wiedervereinigung kam nach dem Mauerfall mit riesigen Schritten voran – auch wenn die schnelle Wiedervereinigung nicht das Einzige war, das entwickelt wurde, um mit der Situation umzugehen. Im Zwei-Plus-Vier-Vertrag einigten sich die zwei deutschen Staaten mit den vier alliierten Siegermächten des Zweiten Weltkriegs im September 1990 über die Bedingungen zur deutschen Einheit, die am 3. Oktober rechtskräftig wurde. Das wiedervereinigte Deutschland sollte der NATO beitreten, endgültig auf die ehemaligen deutschen Ostgebiete verzichten und damit seine Grenze zu Polen garantieren. Was zum Ende des Ersten Weltkriegs mit dem Vertrag von Versailles begonnen hatte, war nun zu Ende gebracht worden. Deutschland, von dem viele andere europäische Länder befürchtet hatten, dass es für Europa zu groß sei und auf dem Kontinent eine Vormachtstellung beanspruchen würde, schien nun seinen Platz zu finden. Als Regierungssystem hatte sich die parlamentarische Demokratie durchgesetzt. Für Europa begann nun, da sich der Ostblock immer weiter auflöste, ein neues Kapitel, das nicht friedlich blieb – wie die Jugoslawienkriege der 1990er zeigen sollten.

Für Deutschland blieb die Frage des Zusammenwachsens der beiden über 40 Jahre geteilten Gesellschaften – ebenso wie die Frage, wer dazugehört. Zu Beginn des neuen Jahrzehnts griffen Rechtsextreme in Ost und West Menschen mit Migrationshintergrund an und verübten Mordanschläge. 1991 kam es in Hoyerswerda fünf Tage lang zu Ausschreitungen gegen Arbeiter aus Vietnam und Mosambik, die noch von der DDR angeworben worden waren. Im darauffolgenden Jahr griffen rassistische Randalierer tagelang die Zentrale Aufnahmestelle für Asylbewerber und ein Wohnheim für ehemalige vietnamesische Vertragsarbeiter in Rostock-Lichtenhagen an. Am 23. November verübten zwei Neonazis in Mölln in Schleswig-Holstein Brandanschläge auf die Häuser zweier türkischer Familien, bei denen zwei Mädchen und ihre Großmutter starben. 1993 starben fünf Frauen und Mädchen mit türkischer Migrationsgeschichte im nordrhein-westfälischen Solingen, als Rechtsextreme einen Brandanschlag auf ihr Haus verübten. Das jüngste Opfer war vier Jahre alt.

Und so groß die Freude im Jahr 1989 und bei der Wiedervereinigung 1990 war: Viele der »volkseigenen Betriebe« der ehemaligen DDR waren nach der Wiedervereinigung nicht mehr wettbewerbsfähig und schafften den Wandel von der ostdeutschen Plan- in die westdeutsche soziale Marktwirtschaft nicht. 1990 wurde die Treuhandanstalt gegründet, deren Funktion es war, DDR-Betriebe zu privatisieren oder stillzulegen. In den ersten Jahren ihres Bestehens soll nach Schätzungen eines Untersuchungsausschusses des Bundestags 1998 durch Betrug und Veruntreuung ein Schaden von drei bis zehn Milliarden Mark entstanden sein. Viele ehemalige DDR-Bürger nahmen die Vorgänge als Ausverkauf wahr: 3700 Betriebe wurden stillgelegt, 80 Prozent der Betriebe, die privatisiert wurden, gingen an westdeutsche Besitzer. So verloren nach 1990 viele Menschen im Osten Deutschlands ihre Arbeit. Und da die alte BRD in Sachen weiblicher Berufstätigkeit weit hinter dem Stand der DDR war, befanden sich unter den Arbeitslosen besonders viele Frauen – sie waren oft die Ersten, die entlassen wurden. Noch heute ist die Arbeitslosenquote im Osten Deutschlands höher als im Westen, obwohl sie seit 2005 sinkt. Die blühenden Landschaften, die Bundeskanzler Helmut Kohl 1990 versprochen hatte, wuchsen nur langsam. Von 1990 bis 2006 verließen noch einmal 1,2 Millionen Menschen Ostdeutschland. Und auch 30 Jahre nach dem Mauerfall wird noch immer von den »neuen Bundesländern« gesprochen, wenn die Bundesländer, die in der ehemaligen DDR liegen, gemeint sind. Dabei sind seit 1989 mehr Jahre vergangen, als die Mauer Bestand hatte.

Es sind nicht einzelne Daten, die unsere Geschichte prägen. Sie sind nur der Anfang oder das Ende von Entwicklungen, die sich über einen langen Zeitraum erstrecken. Ob der 9. November 1989 wirklich der letzte bedeutsame 9. November in der deutschen Geschichte war, können wir heute nicht wissen. Geschichte jedenfalls ist, anders als gelegentlich behauptet, nie vorbei.

Zum Weiterlesen

Marianne Birthler: Halbes Land. Ganzes Land. Ganzes Leben: Erinnerungen, München 2014.

Hans-Hermann Hertle: Chronik des Mauerfalls. Die dramatischen Ereignisse um den 9. November 1989, 12., durchgesehene Auflage, Berlin 2009.

Mein 9. November. Der Tag an dem die Mauer fiel, hg. v. Hans-Hermann Hertle und Kathrin Elsner, Berlin 1999.

Ilko-Sascha Kowalczuk: Endspiel: Die Revolution von 1989 in der DDR, 3., überarbeitete., korrigierte und erweitere Neuausgabe, München 2015.

Frank Sieren: Wir haben fast alles falsch gemacht. Die letzten Tage der DDR; Günter Schabowski im Gespräch mit Frank Sieren, Berlin 2009.

Ein deutscher Schicksalstag? – Nachwort

Die 9. November nehmen die Bundesrepublik Deutschland in die Verantwortung. So ist es auf der Homepage des Presse- und Informationsamtes der Bundesregierung zu lesen. Dort werden allerdings nur die Jahre 1918, 1938 und 1989 genannt. Vielleicht, weil die November-Ereignisse dieser Jahre uns heute am nächsten sind. Sie sind emotional am stärksten besetzt und werden deshalb häufig für die wichtigsten gehalten.

Mit dem Datum 9. November sind in der deutschen Erinnerungskultur ganz unterschiedliche Emotionen verknüpft. Es gibt keine eindeutige Erinnerung an diesen Tag, weil er sowohl an unermessliches Leid als auch an kollektive Freude erinnert. Fast jedes Jahr ist anlässlich des 9. November zu lesen, er sei ein »Schicksalstag«. Warum der 9. November ein »Schicksalstag« ist, erklärt dabei kaum ein Artikel. Es scheint, als sei das Wort einfach zu einem Synonym für das Datum geworden. Wer aber von einem »Schicksalstag der Deutschen« spricht, verkennt, dass allen Ereignissen dieses Tages das Handeln von Menschen zugrunde liegt. Keiner dieser Tage ist durch ein nicht beeinflussbares Schicksal bestimmt gewesen.

Dass Philipp Scheidemann und Karl Liebknecht am 9. November 1918 Republiken ausriefen, war beider freier Wille oder möglicherweise sogar eher eine Laune. Und sogar Scheidemanns Auftritt war im Hinblick auf die

Entwicklung der Ereignisse weit weniger wirksam, als er in der Erinnerung erscheint. Dass am 9. November 1938 überall in Deutschland Deutsche Synagogen anzündeten, jüdischen Deutschen Gewalt antaten, sie ermordeten und ihren Besitz zerstörten, war ebenfalls kein »Schicksal«. Die 9. November waren vielmehr stets Tage, an denen sich durch die Taten (oder Unterlassungen) ganz unterschiedlicher historischer Akteure die Ereignisse überstürzten. In diesem Buch wirft jeder 9. November ein Schlaglicht auf seine Zeit, seine Gewordenheit und seine Auswirkungen.

Der 9. November ist so deutsch wie jede Geschichte, die die Deutschen auf sich beziehen. Zugleich sind die 9. November ein gutes Beispiel dafür, wie transnational und verwoben die Geschichte ist. Der 9. November 1918 stand am Ende eines Krieges, der heute als »Weltkrieg« bezeichnet wird und der für die Menschen der Zeit eine in vieler Hinsicht beispiellose transnationale Erfahrung darstellte. Die deutschen Soldaten kämpften in Frankreich, sie quälten Zivilisten in Belgien und starben im Skagerrak. Sie halfen dabei, das Osmanische Reich zu zerstören, und brachten die russischen Zaren um ihre ostmitteleuropäischen Besitztümer in Polen und im Ostseeraum. Zugleich findet sich schon unter den Gründen für diesen Krieg ein globales oder im wahrsten Sinne transnationales Phänomen: Die erste blutige Kulmination der nationalen Idee zu Beginn des 20. Jahrhunderts – der unbedingte Wille, eine imaginierte Gemeinschaft von Deutschen, Franzosen, Russen oder Polen zu einer naturgegebenen Tatsache zu überhöhen, nicht zuletzt durch das Bekämpfen der jeweils anderen Kollektive.

Doch der transnationale Charakter des Jahres 1918 prägte auch die Revolution selbst. Die Angst vor den »russischen Verhältnissen« war es, die die Sozialdemokraten in eine Koalition mit den Vertretern der alten Ordnung zwang.

Auch die Gewalt, die der Zeit nach dem Krieg innewohnte, war ein europäisches Phänomen. Und ebenso traten ab dem Ende der 1920er-Jahre in verschiedenen Ländern des Kontinents autoritäre Regimes an die Stelle der demokratischen Staaten, die aus den Verhandlungen von Versailles hervorgegangen waren.

Als Hitler 1923 auf Berlin marschieren wollte, hatte er mit dem italienischen »Duce« Benito Mussolini, der das Ganze im Jahr zuvor beim Marsch auf Rom durchexerziert hatte, ein reales Vorbild. Die Wendung gegen das Fremde und der Antisemitismus prägten Europa in den 1930er-Jahren in vielen Ländern und Regionen, dennoch waren die Deutschen diejenigen, die einen verbrecherischen Raubkrieg und die planmäßige Ermordung der europäischen Juden ins Werk setzten.

Auch die mit dem Jahr 1968 verbundene Demokratiebewegung ist ein transnationales Phänomen. Die westdeutsche Linke war mit der Studentenbewegung in anderen Ländern, vor allem in Italien und Frankreich, eng verbunden. In diesen Ländern griff wie in Deutschland ein kleiner Teil der Bewegung zu den Waffen und entfesselte eine Welle terroristischer Gewalt. Zudem war der Nahostkonflikt, der mit dem Sechstagekrieg im Jahr 1967 eine neue Dynamik gewonnen hatte, von besonderer Bedeutung für die Geschichte linker terroristischer Gewalt. Palästina wurde nicht nur auf symbolischer Ebene zum europäischen Vietnam erklärt, sondern auch die persönlichen Kontakte und die Aufenthalte in der Region radikalisierten Teile der Bewegung und prägten eine erneuerte Form des Antisemitismus, der für Teile der sogenannten 68er-Bewegung konstitutiv blieb.

Bei aller Transnationalität und Weltoffenheit der 68er-Bewegung ist es zudem frappierend, dass in den Handlungen und Gedanken ihrer Akteure die DDR kaum eine Rolle spielt. Der mit 68 verbundene gesellschaftliche Wandel und seine popkulturelle Ausstrahlung waren eine westdeutsche Erscheinung – und diejenigen, die sich auf den Sozialismus beriefen, meinten damit nicht den real existierenden Sozialismus, der sich vor ihrer Haustür besichtigen ließ. Die 9. November 1969 und 1974 bei der Betrachtung der Novembertage ebenfalls mitzudenken, bedeutet auch die Notwendigkeit, die Zentriertheit der deutschen Erinnerungskultur auf die westdeutsche Erfahrung zu thematisieren.

Der 9. November 1989 schließlich ist Teil einer größeren Bewegung von friedlichen Revolutionen in Ostmitteleuropa, die sich aufgrund der strukturellen Veränderungen innerhalb der Sowjetunion in den späten 1980er-Jahren ereigneten. Perestroika und Glasnost lockerten den sowjetischen Zugriff auf die damals sogenannten »Satellitenstaaten«, etwa auf Polen, die Tschechoslowakei oder Ungarn. Dort bekamen Reformbewegungen immer stärkeren Zulauf, und es ist eher bemerkenswert, dass die DDR erst relativ spät von dieser Dynamik erfasst wurde.

Ein Blick auf die 9. November zeigt also: Es ist nur deshalb ein »deutsches Datum«, weil diejenigen, die sich als Deutsche begreifen, sich zum Zwecke ihres Deutschseins daran erinnern. Geschichte ist eine zentrale Säule, die das Kollektiv braucht, um sich als Gemeinschaft zu verstehen. Deshalb zeigt eine Gesamtschau der Ereignisse nicht nur, wie transnational dieser deutscheste aller Tage, sondern auch, wie transnational das Deutschsein selbst ist.

Doch es ist auch darüber hinaus nützlich, sich mit dem 9. November zu beschäftigen. Das 20. Jahrhundert ist vielfach als das »kurze 20. Jahrhundert« bezeichnet worden. Die Aufbruchstimmung des Jahres 1918, in dem die großen Kaiserreiche und Kontinentalimperien untergingen und neue Staaten entstanden, markierte demnach den vielversprechenden Beginn des »modernen« Jahrhunderts, das in die größte Katastrophe der Menschheit führte. Als mit dem Mauerfall 1989 der Kalte Krieg und damit die Konfrontation zwischen Ost und West zu Ende ging, galt das einigen nicht nur als Ende des Jahrhunderts, sondern sogar als »Ende der Geschichte«, wie es der US-amerikanische Historiker Francis Fukuyama formulierte. Ein Blick auf die 9. November – etwa auf die der Jahre 1918 und 1989 – kann zeigen, dass es so einfach nicht ist. Weder begann die Gewaltgeschichte des 20. Jahrhunderts im Jahr 1918, noch war diese Geschichte 1989 zu Ende, wie sich bereits in den 1990er-Jahren in Jugoslawien zeigte.

Stattdessen öffnet der 9. November den Blick für das Davor und Danach, für das Rechts und Links, für Zentrum und Peripherie und für die Ungleichzeitigkeiten der Geschichte im 20. Jahrhundert – und darauf, wie sehr diese Dinge vom Standpunkt des Betrachters abhängen. Aus diesem Grund haben wir im vorliegenden Buch den Versuch unternommen, den 9. November durch die Augen anderer Akteure zu betrachten, wir haben andere Orte als Ausgangspunkte gewählt. Es ist ein Versuch, andere Perspektiven zu finden, die sich von jenen unterscheiden, die die Erinnerungskultur gemeinhin anbietet, und darüber neue Einblicke zu erhalten. Dabei ist auffällig, dass trotz der Mosaikhaftigkeit und der Individualität der Erfahrungen bestimmte Themen immer wieder präsent sind. Das Ringen um Teilhabe und die Frage, welche die angemessene Form dafür ist – Sozialismus, parlamentarische Demokratie oder außerparlamentarische Opposition und die Macht der Straße –, wird in vielen Geschichten verhandelt, die sich um den 9. November ranken. Dass es dabei Gruppen gibt, die besonders intensiv um Teilhabe ringen müssen, wie etwa Frauen und andere zuvor wenig repräsentierte Menschen, ist ebenfalls ein wesentlicher Aspekt dieser Geschichten. Außerdem gehört zum 9. November auch das zum Teil gewaltsame Ausschließen von Menschen, etwa von jüdischen Deutschen, aus der Gemeinschaft – und das nicht nur im Jahr 1938.

Mal treten die dominierenden Themen der Geschichte des 20. Jahrhunderts stärker hervor, mal bleiben sie im Hintergrund – das Einzige, was an jedem unserer 9. November wiederkehrt, ist die Gewalt. Sie steht stets im Mittelpunkt der Ereignisse, manchmal auch durch ihre vermeintliche Abwesenheit, wie etwa 1918 und 1989. Es gibt zu denken, dass Gewalt eine so wichtige Rolle für die Ereignisse spielt, die wir Geschichte nennen. Macht Gewalt Geschichte? Das 20. Jahrhundert war ein Jahrhundert der Gewalt, war es deshalb ein besonders »historisches Jahrhundert«?

Jenseits der Gewalt bieten die Geschichten der 9. November ein Kaleidoskop der unterschiedlichsten Erfahrungen, das viele Bilder entstehen lässt, die sich der Vereinheitlichung entziehen und gerade deshalb den Facettenreichtum der vielen unterschiedlichen Vergangenheiten in Deutschland und Europa zeigen.

Danksagung

Historikerinnen forschen, lesen und schreiben ständig. Eher selten begeben sie sich in die Gefilde des »Erzählens«, sie meiden diese häufig sogar. Auch deshalb war dieses Buch für uns ein aufregendes und herausforderndes Neuland, das wir nicht ohne Hilfe betreten haben. Deshalb möchten wir uns bei denen bedanken, die uns bei diesen Schritten begleitet und unterstützt haben. Unser Dank gilt besonders Arne Frese und Helga Frese-Resch, die die Idee zu diesem Projekt hatten und die den Kontakt zum Verlag Kiepenheuer & Witsch hergestellt haben, und natürlich Martin Breitfeld und David Rupp, die uns immer wieder ermutigt haben, »mehr zu erzählen«, und die uns dabei stets mit konstruktivem Rat zur Seite standen.

Sebastian Jahnz und Joachim Telgenbüscher haben durch ihre konkreten Anregungen und Nachfragen dabei geholfen, die Lesbarkeit einiger Kapitel zu verbessern. Jutta und Heiner Jahnz, Christian Gieseke, Moritz Hoffmann, Helen May und Birte Förster hatten immer ein offenes Ohr. Zudem haben sie durch ihre regelmäßigen Nachfragen dazu beigetragen, dass die Manuskripte rechtzeitig fertig wurden. Reinhart Schwarz vom Hamburger Institut für Sozialforschung hat einen Einblick in Bestände seines Archivs gewährt. Ramona Bechauf und Martin Borkowski-Saruhan haben sich spontan zu Ausflügen ins Bundesarchiv in Berlin bereit erklärt, und Florian Jessensky hat durch sein Wissen um die Geschichte des Terrorismus in den 1970er-Jahren zum Gelingen dieses Buches beigetragen. Oskar, Konrad und Jakob Beetz haben immer wieder darauf hingewiesen, dass es Wichtigeres gibt. Ihnen allen sei an dieser Stelle ganz herzlich gedankt.

Dieses Buch ist streng genommen keine »wissenschaftliche«

Auseinandersetzung mit dem 9. November. Ohne die wissenschaftliche Arbeit von zahlreichen Kolleginnen und Kollegen, auf die wir uns stützen konnten, wäre es uns jedoch nicht möglich gewesen, die Geschichten zu erzählen. Auch bei ihnen möchten wir uns bedanken.